国家自然科学基金面上项目(51278099)资助

盾构隧道施工环境适应性的流固耦合分析

宋锦虎　缪林昌　著

中国矿业大学出版社

内 容 简 介

本书针对盾构在水下地层中的施工难点问题，基于流固耦合理论，分析了盾构隧道施工参数的环境适应性问题。首先通过盾构施工的三维流固耦合数值计算，分析了根据孔压监测数据分析盾构施工参数环境适应性的方法。然后进行了干砂和饱和砂的对比模型试验，结合楔形体模型计算分析了地下水对开挖面最小支护力的影响。最后根据盾构隧道实际施工情况，指出开挖面支护力是一个随时间波动变化的力。通过计算得到了分层土模型中波动力在开挖面前方产生超静孔压的大小，以及此超静孔压对开挖面稳定性的影响。本书分析结果可为盾构隧道施工参数的合理制定提供依据。

图书在版编目(CIP)数据

盾构隧道施工环境适应性的流固耦合分析/宋锦虎，缪林昌著.—徐州：中国矿业大学出版社，2018.10

ISBN 978-7-5646-4105-4

Ⅰ.①盾… Ⅱ.①宋…②缪… Ⅲ.①隧道施工—盾构法—研究 Ⅳ.①U455.43

中国版本图书馆 CIP 数据核字(2018)第 220240 号

书　　名　盾构隧道施工环境适应性的流固耦合分析
著　　者　宋锦虎　缪林昌
责任编辑　杨　洋
出版发行　中国矿业大学出版社有限责任公司
（江苏省徐州市解放南路　邮编 221008）
营销热线　(0516)83885307　83884995
出版服务　(0516)83885767　83884920
网　　址　http://www.cumtp.com　**E-mail**:cumtpvip@cumtp.com
印　　刷　江苏凤凰数码印务有限公司
开　　本　787×1092　1/16　**印张** 8　**字数** 200 千字
版次印次　2018 年 10 月第 1 版　2018 年 10 月第 1 次印刷
定　　价　32.00 元

前 言

盾构在水位下地层中的施工参数与环境适应性问题是城市地铁施工中的难点问题，由于地下水导致的开挖面坍塌、地表沉降、管片破裂等工程问题经常发生，针对此问题的相关研究理论往往将应力分析和渗流分析单独进行，两者相结合的流固耦合研究工作较少，而土体中超静孔压的产生和消散均与此密切相关。因此，本书基于流固耦合理论，针对盾构隧道的施工参数环境适应性问题，采用理论解析、数值模拟、模型试验以及现场工程实测等方法进行了研究，包括盾构施工的孔压扰动规律、开挖面稳定性以及管片承载规律等方面。通过研究得到了如下结论：

(1) 结合上海虹桥迎宾三路隧道工程，采用所编制的 ABAQUS 辅助分析程序，建立了包括各种盾构施工参数影响的三维流固耦合分析模型，并将不同施工参数情况下超静孔压计算结果与实测值进行了对比，验证了模型的合理性。之后分析了开挖面推力、注浆压力、开挖速度、开挖面水头、隧道埋深以及土体渗透系数等参数对隧道周围最大超静孔压的影响，获得了最大超静孔压拟合计算公式，与现场实测和解析解的对比说明三维流固耦合计算可更合理分析盾构施工对孔压的扰动。同时，较大的超静孔压值对应于较大的地表沉降，因此可将实测孔压值与数值计算结果进行对比，从而进行施工参数的调整。在上海虹桥迎宾三路隧道工程试验段的施工过程中，现场监测数据表明可根据孔压监测值调整施工参数，最终减小地面沉降。

(2) 针对地下水对开挖面上方土拱的影响，进行了干砂和饱和砂的对比模型试验。实验结果显示，地下水的存在减缓了土拱随开挖面变形的形成过程；并减小了土拱发展的高度，在相同的开挖面变形时，相对于干砂时地下水减小土拱高度的比例为 10%～15%。同时，地表沉降的发展过程与开挖面上方土拱的形成具有对应关系，地下水的存在通过降低土拱发展高度最终减小了地面沉降。根据实验结果结合楔形体模型提出了计算开挖面最小推力时的修正系数，即需对上方棱柱体受到的侧土压力系数进行修正。

(3) 盾构施工过程中地质条件变化、刀盘循环转动切割土体、停盾拼装管片等因素对开挖面推力值的稳定性将产生影响，因此结合现场监测数据，指出开挖面推力是一持续波动的力，此波动力将在开挖面前方产生可累积的超静孔压，最终对开挖面稳定性产生影响。通过建立简化的分层土分析模型，得到了开挖面前方超静孔压计算方法；进而采用楔形体模型，给出了超静孔压对开挖面稳定性影响的计算方法。计算结果显示超静孔压将显著降低开挖面的稳定性，因此在开挖面支护力的计算中需考虑推力波动变化的影响。通过参数分析给出了不同情况下产生的超静孔压大小以及对开挖面稳定性影响的计算结果。

(4) 土体渗透系数与其承载时孔隙比的变化存在对应关系，基于此给出了简化的分段孔隙比—渗透系数关系曲线，用于管片整体渗透时的流固耦合计算。首先建立了包括管片和土体的流固耦合分析模型，包括渗流模型和力学模型；力学模型中土体分为弹性区和塑性区，其中弹性区根据孔隙比—渗透系数关系曲线进一步分区，从而考虑土体渗透系数变化的影响。通过各分区半径取值在渗流计算和力学计算之间建立起联系，从而得到了流固耦合计算方法。计算结果为实际管片承载设计提供了参考。

本书共 6 章，由河南城建学院宋锦虎和东南大学缪林昌共同撰写，具体分工为：第 1 章由缪林昌撰写，第 2、3、4 章由宋锦虎撰写，第 5、6 章由缪林昌、宋锦虎撰写。宋锦虎计 15 万字，缪林昌计 5 万字。

本书的出版得到了国家自然科学基金面上项目“地铁移动荷载作用下软土的软化机理与长期沉降预测技术研究”(51278099)的资助。

作者

2017 年 10 月

目　录

1 绪　论

1.1 研究背景及意义

地铁作为一种解决城市交通拥堵，减轻城市交通压力的有效方法已经被我国的许多城市所采纳。目前我国已有 30 个城市的地下轨道交通项目投入运营，总里程超过 3 000 公里。目前，获得地铁建设批复的城市有 58 个，规划线路总长超过 7 000 km，总投资超过 35 000 亿元，我国已进入城市地铁建设的高潮时期[1]。尽管盾构施工技术在我国得到了迅速发展，但与欧洲、美国、日本等发达国家相比，我国使用盾构技术的历史还比较短，施工经验比较较少，尚无全国性的盾构隧道设计和施工的专门规范[2]。

盾构法隧道第一次使用是 1825 年英国工程师 Brunel 在英国伦敦泰晤士河下用一台矩形盾构修建一条行人隧道[3]。在此以后的约 180 年间，盾构法隧道经历了巨大的进步，应用非常广泛，在很多地质环境中得到了成功应用，包括含水量极大的砂砾石层[4,5]。盾构法是暗挖法施工中的一种全机械化施工方法，它是将盾构机械在地下推进，通过盾构外壳和管片支承四周围岩防止发生往隧道内的坍塌，同时在掘进面前方用切削装置进行土体开挖，通过出土机械运出洞外，靠千斤顶在后部加压顶进，并拼装预制混凝土管片，形成隧道结构的一种机械化施工方法[2]。与传统的隧道掘进技术相比，盾构法施工具有安全可靠、机械化程度高、工作环境好、土方量少、进度快等优点，尤其在地质条件复杂、地下水位高而隧道埋深较大时，只能采用盾构法施工。

我国幅员辽阔，地质条件复杂多变，地下水广泛存在于地下岩土体中。隧道施工地下水渗流与掘进面失稳破坏是高地下水位地层施工中普遍存在的重要问题，在一些盾构法工程应用较多的国家，如英国、日本、德国等，其关于掘进面稳定相关理论研究已经取得不少成果，对施工中由于地下水渗流引起的掘进面稳定相关方面的分析方法及理论也在不断发展。与之相比，国内盾构施工技术刚刚起步，对隧道掘进面失稳和破坏机理研究仍然处于过分依赖工程经验阶段，对于复杂地质条件如大量含水砂砾层、无黏聚力的极不稳定土层以及高地下水位情况下盾构隧道的施工尚未展开深入的研究。

盾构开挖过程中超孔隙水压的存在使土体当中有效应力降低，从而降低其抗剪能力[6]；水向开挖边界的渗流形成对土体的渗透力，影响开挖面的稳定性；同时，地下水的存在对地表沉降和支护结构荷载均产生影响。国内外有关这方面的研究成果很少，薄弱的理论研究与蓬勃发展的工程实践是极不相称的。因此，地下水对盾构施工的影响需进行系统分析，从而对施工参数进行优化。

1.2 国内外研究现状

1.2.1 开挖面稳定性研究现状

保持开挖面稳定是隧道盾构施工中关键要素之一，对盾构隧道的安全施工具有重要作用。开挖面稳定相关研究主要包括掘进面破坏模式及机理研究、掘进面支护压力大小的确定以及施工对周围环境影响的研究等。研究的方法及手段主要有经验公式或解析计算方法、现场资料实测分析、室内物理模型试验研究及计算机数值模拟等[7]。

(1) 理论分析研究现状

盾构掘进施工中，掘进面的破坏失稳主要表现为整体破坏，大量研究都着重于掘进面整体破坏失稳。整体稳定分析主要有两种分析方法[8]：一类是利用塑性极限理论分析计算，另一类是利用掘进面前方滑动体力的平衡进行稳定分析。

塑性极限分析通过计算中假定掘进面前方滑动边界的形状，利用上、下边界定理计算掘进面极限最大及最小支护压力。B. Broms 和 H. Bennermark[9] 于 1967 年提出了不排水黏性材料无支护开挖中描述掘进面状态的稳定系数概念：

$$N=\frac{\sigma_S+\gamma(C+D/2)-\sigma_T}{C_u}$$

式中，σ_S为地面超载；γ 为黏土的容重；σ_T为隧道掘进面支护压力(无支护则为零)；C_u 为隧道轴心处土体的不排水抗剪强度；C 为隧道埋深；D 为隧道直径。

通过实际现场开挖工程的实测统计及室内简单的实验研究得到稳定系数 N 大于 6 时掘进面将失去稳定。

E. Leca 和 L. Dormieux[10]提出用一个或两个圆锥形块体圆弧滑动的上限解法分析 Mohr-Coulomb 材料中盾构隧道掘进面的稳定性，其研究假设掘进面有 3 种破坏机制，分别如图 1-1(a)、图 1-1(b)及图 1-1(c)所示。根据上下限理论得出盾构隧道掘进面最大最小支护力，如下式所示：

$$\sigma_{T\min}=N_s^- q_s+N_r^- \gamma D+(N_s^- -1)\cdot c\cdot\cot\phi \tag{1-1}$$

$$\sigma_{T\max}=N_s^+ q_s+N_r^+ \gamma D+(N_s^+ -1)\cdot c\cdot\cot\phi \tag{1-2}$$

式中，γ 为土体容重；q_s 为地表超载；D 为隧道直径；σ_T为支护压力；N_s^+、N_t^+、N_s^-、N_t^- 为稳定系数。

基于 Janseen 的筒仓理论[11]，Horm 最早提出了三维楔形体模型的概念[12]，如图 1-2 所示。它由一个位于掘进面前方的楔形体和掘进面上方的棱柱体两部分组成，假设地层均匀，楔形体上部土柱考虑土体的松动土压力，采用该模型来分析盾构隧道掘进面的极限支护压力。Anagnostou[13]利用同样的计算模型，把理想状态下的泥膜看作不透水的

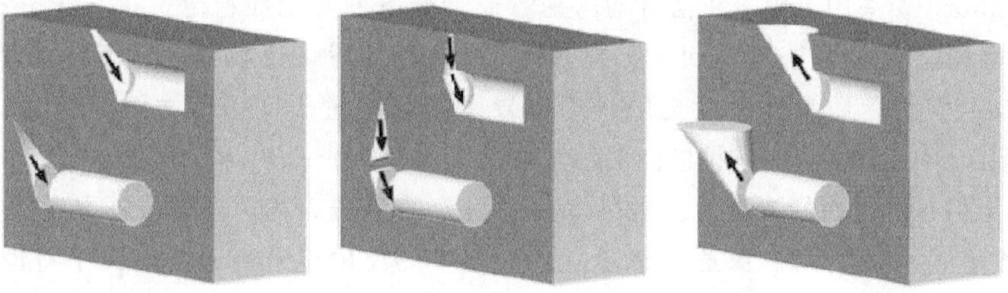

图 1-1 Leca-Dormieux 提出的掘进面的破坏形式

(a) 塌落破坏Ⅰ；(b) 塌落破坏Ⅱ；(c) 鼓出破坏Ⅲ

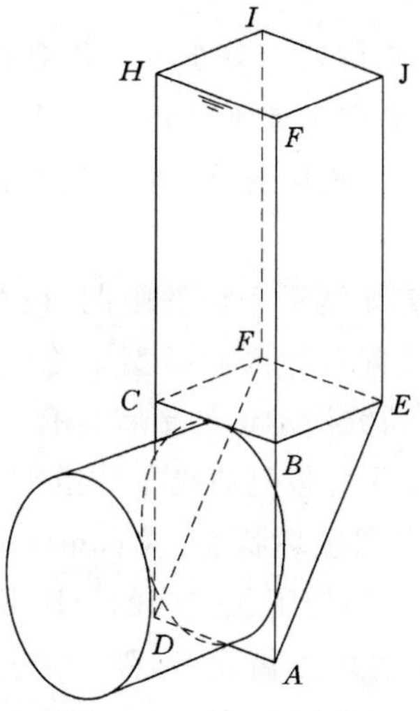

图 1-2 三维楔形体计算模型

“密封”，研究了地层的抗剪强度、地层渗透系数、泥水黏度、泥水重度、泥水压力、隧道的几何尺寸及掘进面稳定性安全系数的相互关系，并重点分析了泥水渗入地层的时间效应。

在楔形体分析模型中，开挖面前方楔形体受到上覆土体的压力作用，如何确定此压力的大小，不同学者提出了不同的研究方法，主要包括：全覆土重理论、普氏土压力理论和太沙基松动土压力理论三种方法[7]。其中太沙基松动土压力理论认为在上部土体当中沿开挖面两侧形成了剪切面，下部土体受到的压力为土体自重减去剪切面上所受到的滑动阻力，由此可近似考虑开挖面上方土拱的影响。

关于开挖面前方滑动面的具体形状，一些学者做了不同的假设并进行了分析。其中 Mollon[14] 假设滑动面为具有一定规律的三角柱体形成的曲面，进而进行了开挖面稳定性的分析。

对于地下水对开挖面稳定性的影响，许多学者进行了研究[15-18]。Broere[15] 在其研究成果中给出了地下水条件下影响隧道掘进面稳定的超静孔隙水压力的经验表达式；Park

和 Blackburn[16] 采用上限分析法针对考虑渗流情况下的开挖面稳定性进行了分析，分析结果表明相对于黏性土，渗流对无黏性土下开挖面稳定性的影响更为显著。在考虑渗透力时，Lee 等[18] 利用塑性极限上限理论推导了隧道掘进面支护压力解析表达式，如式(1-3)所示。研究发现，隧道掘进面的稳定取决于作用于土骨架有效支护压力和由水头差引起的作用在掘进面的渗透力。地下水流动引起的渗透力构成了总支护压力的主要部分，随着地下水位的升高，渗透力在总支护压力中的比值呈升高趋势。文中将理论分析结果与离心实验结果相对比，两者取得较好的一致性。

$$N_s\left[(K_P-1)\frac{\sigma_S}{\sigma_C}+1\right]+N_r(K_P-1)\frac{\gamma D}{\sigma_C}\leqslant(K_P-1)\frac{\sigma_T-\sigma_{S.F}}{\sigma_C}+1 \tag{1-3}$$

式中，σ_S 为地表超载；$\sigma_{S.F}$ 为作用在隧道掘进面渗透力的水平分量；σ_T 为隧道掘进面支护压力；C 为隧道埋深；D 为隧道直径。

由于可考虑到渗透的作用，使得理论分析方法得到深入发展，但由于不能得出土体变形情况，不能够对施工参数对周围土体变形的影响做出判断，并且渗流作用下盾构穿越复合土层的掘进面稳定性分析比较复杂，限制了理论分析方法的应用。

(2) 模型试验研究现状

盾构施工时现场监测受到实际施工条件的限制，往往难以得到全面的分析数据，而室内模型试验可以很好地解决此问题。因此模型试验作为盾构隧道研究的重要手段得到广泛应用，尤其在破坏实验中研究滑动面的形状具有重要作用。

早期学者通过简单的室内小尺寸模型研究了隧道掘进面的破坏问题，试验中普遍在地表施加超载以使掘进面土体出现破坏状态。Chambon 和 Corte[19] 通过在砂土地层中逐渐减小支护力，研究了不同埋深情况下掘进面的破坏形式，得知：① 掘进面前方破坏形状为楔形体，破坏区域上方基本表现为筒仓状，随着埋深的增大，破坏面反应不到地表面；② 极限最小支护压力的大小与埋深关系不大。Hisatak[20] 和 Atkinson[21] 的试验也得到同样的破坏形式。

Mair 在对文献评述的基础上[22,23]，给出了黏土和砂土隧道开挖面破坏机理更为一般的概念解释，如图 1-3 所示。认为黏土和砂土的工作面破坏机理研究有显著的区别，在黏土中，工作面失稳的扩展规律是自隧道向上部和两侧变得明显较隧道直径宽；而在砂土中，与这种情况相反的是其扩展近似沿垂直方向从隧道一直发展到地表，呈狭窄的“烟囱形”。

在常重力情况下可采用缩尺模型研究砂土地层中的开挖面变形破坏情况。Kirsch[24] 在常规重力场环境下采用缩尺模型，研究了浅埋盾构隧道所需支护力的大小，将试验结果与理论计算结果进行了对比，得知理论解均过高估计了最小支护力。Ahmed 和 Iskander[25] 采用透明相似材料，在常重力情况下模拟了开挖面的破坏发展过程。

许多学者采用离心机模型试验的方法研究了开挖面的变形破坏情况。在离心模型试验中，需要解决开挖模拟与支护、注浆过程及精确的检测仪器的布置等关键技术。Idinger[26] 采用离心模型试验，结合数字照相量测技术，研究了隧道开挖面在不同荷载作用下的破坏情况，分析了开挖面破坏机理、地表沉降、开挖面支护力等数据，并将试验结

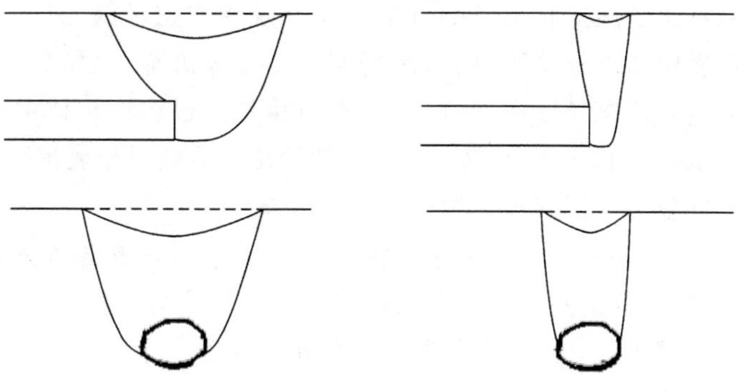

(a) (b)

图 1-3 黏土和砂土隧道工作面失稳破坏机理[22]

(a) 黏土;(b) 砂土

果与理论结果进行了对比。Nomoto[27]在离心机中进行了盾构开挖过程的模型试验,监测了施工过程中土压力、地表沉降等数据,并将试验结果与现场监测数据进行了对比,说明了采用离心机模型试验可合理模拟实际盾构的施工过程。徐东[28]利用离心模型试验针对上海黏土的成拱能力做了研究。研究认为:对于无支护情况,开挖双孔隧道,隧道底部以上 8 m 厚的土层不能形成稳定的天然拱,成拱厚度至少需要 12 m。李君、陈仁朋和孔令刚等[29]利用大型模型试验对开挖面支护力与开挖面位移的关系曲线进行研究,并通过对开挖面前方土体应力状态变化监测,揭示了基于土拱效应的开挖面破坏模式,并将试验结果和楔体模型计算结果进行对比,对模型存在的问题及参数的选取提出了建议。程展林[30]通过小尺寸模型试验(直径 0.2～0.3 m)提出了泥水平衡盾构在中粗砂地基中临界泥浆压力公式;周小文[31]通过离心试验研究了砂土中隧洞开挖支护力与地面沉降关系;李昀[32]利用小型盾构模型研究了动态开挖过程对泥水盾构开挖面稳定性的影响。

对于地下水的影响,Lee 和 Nam[33]通过一系列模型实验模拟隧道开挖过程中的地下水流动,度量作用在隧道掘进面上的渗透力大小。实验结果与数值分析结果取得较好的一致性,结论指出,由地下水流动引起的渗透力构成了总体支护压力的主要部分,随着地下水位的升高,渗透力逐渐增大。

离心模型试验在研究盾构施工掘进面失稳破坏与变形方面具有一定的优势,但是由于模拟实际掘进过程的困难、试验数据不易监测、模型尺寸因素、土与结构共同作用的考虑、难以模拟复杂的地层条件和地下水环境以及设备造价与试验经费等方面的原因,阻碍其在相关研究中的普及与深入。

(3) 现场实测研究现状

现场实测资料的分析是最能反映工程实际的研究方法,但是由于地层条件和施工参数的千变万化,使得实测分析只适应于某些具体工程情况,难以套用到其他的工程情况,并且由于施工现场复杂,使得对许多测点的监控难以实现,给分析研究带来了许多不便。

许多学者针对开挖面的稳定性与地表沉降的关系进行了现场实测研究。徐永福[34]根据上海外滩观光隧道盾构掘进时周围土体孔隙水压力、土压力、衬砌压力及周围地基变形的实测结果，提出了施工扰动影响度的定义反映盾构掘进施工对周围土体的影响。Chen[35]针对并行盾构隧道的施工过程，现场监测了地表沉降、土层变形、孔隙水变形等数据，分析盾构开挖对周围环境的影响，得知在盾构施工过程中土体中孔隙水压力显现出Z形变化。Clough和Leca[36]对复合土层中盾构施工参数对地表沉降的影响进行了现场实测，分析了不同复合土层情况下的施工应对措施。

现场实测分析往往是在盾构正常施工状态时进行的，此时掘进面支护压力处于较为理想的状态。而需要研究的重点在于盾构开挖面处于不平衡的临界状态，在现场此情况是禁止出现的，因此掘进面临界状态的监测数据相当缺乏。

（4）数值分析研究现状

随着现代计算机性能的不断提高以及计算力学的不断发展，20世纪80年代开始数值计算技术在隧道开挖工程中的应用越来越深入，采用有限元、边界元或有限差分技术反映实际盾构开挖效应的三维有限元仿真技术得到大量的应用。

在不考虑地下水情况下，许多学者针对开挖面稳定性进行了研究。Chen和Huang[37]采用三维数值模拟方法，计算了隧道在连续开挖过程中土拱的形成过程，并分析了侧压力系数对土拱的影响，给出了计算模型的土拱范围。Franzius1[38]和Shin[39]总结了在以往学者对于隧道施工的三维数值模拟计算结果的区别，分析了模型尺寸和单元划分尺寸对计算结果的影响。Jirina和Petr[40]分析了均匀介质掘进面的稳定性。Maynar[41]则采用离散元技术模拟了隧道开挖面稳定。杨洪杰[42]建立了模拟盾构掘进的有限差分模型，研究盾构周围土压力及刀盘开口率的变化对土舱内外土压力的影响，也给掘进面稳定性的数值模拟分析提供了思路。朱伟[43]通过$FLAC^{3D}$对支护压力与开挖面土体变形的关系进行了数值计算。姜忻良[44]以广州地铁工程为背景，利用有限元程序ABAQUS针对地铁施工过程进行了计算分析，并将计算结果与现场实测结果进行了对比，得知在盾构通过的不同阶段，平行于隧道方向的水平位移U_1与垂直于隧道方向的水平位移U_2呈现出不同的变化规律，在1倍隧道直径的区域内，U_1位移最大值大于U_2位移最大值，两相位移均不可忽略。

在考虑地下水的情况下，Lee[45,46]采用数值模型的方法分析了地下水流向掘进面所产生的渗流力的影响：假定渗流力水平向分量影响掘进面的稳定，进而计算掘进面极限支护力的大小。黄正荣和朱伟[47]研究了地下水位对掘进面极限支护压力和稳定安全系数的影响。Lee[48]分析了开挖面前方注浆对阻止地下水渗透和提高开挖面稳定性的效果。

在三维分步开挖计算方法中，在开挖面附近的土体的应力、变形、水头梯度的变化非常大，因此在有限元计算模型中，开挖面附近的单元尺寸需划分得非常小，同时由于隧道开挖的连续性，造成在隧道开挖范围内的单元尺寸均非常小，这就造成有限元模型的单元数量巨大，计算量非常大。即使对于弹性材料模型，计算也需要很长时间。Anagnostou[49]提出了一种新的计算方法，可以在一个计算步中得到应力、变形和孔隙水压力计算结果，从而解决了分步开挖的缺点。此方法在隧道开挖面中心建立局部坐标系，通过变量变换，将动态的开挖过程转化为静态的计算，同时，考虑土体的应力应变方程，可考虑应力路径对变形的影响。此方法相比于传统的分步开挖方法，可显著减小计算时间，因此在隧道开挖问题的分析中具有广泛的应用前景。高健[50]采用基于固定在隧道掘进面上参照坐标系，推导了考虑隧道开挖速度、土体的渗透系数以及土体贮水系数的稳态地下水流动偏微分方程，通过伽辽金有限元法推导考虑盾构掘进速度的三维稳态渗流有限元方程，编写计算程序 TME 计算地下水参数和盾构掘进速度的变化对隧道掘进面附近水头场改变的影响；结果发现，低渗透性土层中，盾构掘进速度的增加将导致掘进面附近总水头等值线重新分布，水头下降趋势更加明显，作用在隧道掘进面渗透力显著增加。

由于数值计算方法可以得到土体变形，因此基于变形的分析是数值计算方法的优点之一。Kim 和 Tonon[51]通过三维数值模拟方法，计算开挖面变形与支护力之间的关系，并根据开挖面变形确定最小支护力，如图 1-4 所示。由此分析了水下隧道不同隧道直径、埋深、侧压力系数、土体力学参数等因素对盾构开挖面的影响，并给出了开挖面所需最小支护力的计算公式；此计算公式与理论解进行了比较，对于无黏性土，隧道埋深小于 1D 时，数值解与理论解吻合，但当埋深大于 1D 时，数值解比理论解大；对于黏性土，数值解均比理论解大。

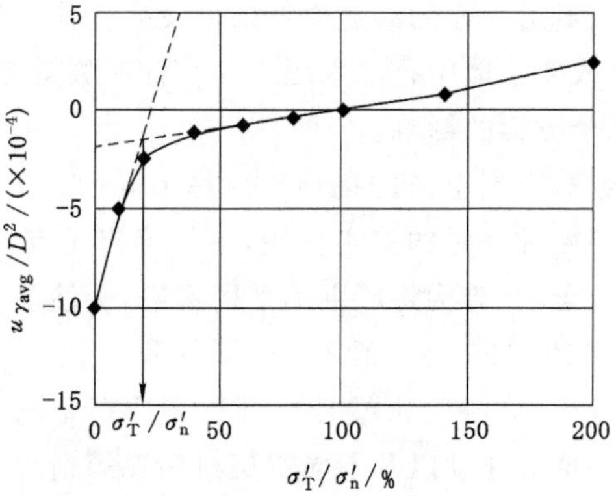

图 1-4 根据开挖面变形确定最小支护力

开挖面的稳定性与地下水密切相关，特别是与开挖面周围超静孔隙水压力的大小密切相关，较大的超静孔压会降低土体的有效应力，从而降低开挖面的稳定性，而目前相关数值计算分析较少考虑此超静孔隙水压力的影响。

1.2.2 盾构施工对土体扰动的研究现状

盾构施工对土体的扰动主要是由于土体开挖、地层损失以及地下水渗流固结所造成[2]。一方面，隧道开挖造成地层损失，周围土体在弥补地层损失的过程中发生地层移动，引起土体应力发生变化。另一方面，隧道施工扰动土体，造成地下水流失，破坏原始水土平衡，引起周围土体内部孔隙水压力的变化，使地层发生排水固结引起土层变形。

一些学者在现场进行了测试，记录了盾构施工过程中孔隙水压的变化过程。易宏伟和孙钧[52]通过现场测试，得到了在盾构推进过程中对周围土体孔隙水压力的影响过程，并分析了对土体的扰动机理。蒋洪胜和侯学渊[53]经过现场测试，综合分析了盾构施工时对周围土体孔隙水压力和变形的影响，得知在盾构掘进接近、穿越以及远离测孔区 3 个施工阶段，隧道周围不同区域的土层呈现各自不同的移动特征；袁大军等[54]针对超大直径泥水盾构掘进对周围土体的土体扰动进行了现场监测。

由于现场条件复杂，多种因素都可能造成孔隙水压力的变化，仅根据实测值难以判断引起孔隙水压力变化的主要原因，需综合数值模拟和理论分析方法进行对比分析。肖立、张庆贺和朱继文等[55]采用理论分析的方法分析了盾构施工所产生的超静孔压大小；Bobet[56]针对盾构开挖速度对周围土体当中孔隙水和衬砌荷载进行了分析，得知不同施工速度情况下衬砌荷载的变化过程是不同的，施工速度较快时，衬砌的长期荷载较短期荷载变化更大；Anagnostou[13]通过建立于开挖面的局部坐标系进行建模计算，得知对于低渗透性土层，在隧道连续开挖过程中，开挖面附近应力的变化常伴随着土体的固结过程，由此开挖速率将影响地表的沉降，开挖速率越高，地表沉降越小。

隧道施工过程中，土体中孔隙水压力的变化将受两个因素影响[57,58]：首先会受到土体应力状态变化的影响，隧道施工会引起周围土体应力状态逐渐发生变化，土体中孔隙水压力将会随之改变，在数值计算分析中，也就是流固耦合的影响；其次是受到渗流的影响，隧道施工会使开挖面、隧道表面的渗透边界条件发生变化，使周围土体产生向开挖面和隧道表面的渗流，从而改变土体中孔隙水压力。在针对隧道施工过程与水的相互影响分析中，需综合考虑这两个方面的影响。

不同的盾构施工参数对周围土体的扰动规律是不同的。王洪新和傅德明[59]通过模型试验研究了盾构在不平衡推进时的挤土作用，得知当出土率小于或大于 100%时及采用开口率较小的面板式刀盘时，盾构将产生不平衡掘进，会使前方地表产生隆起，并通过现场监测得知盾构产生的超推进量一部分产生了体积应变，一部分产生了正的地层损失，引起了地表隆起；朱合华、徐前卫和郑七振等[60]采用模型试验方法，进行了在不同埋深、不同刀盘开口率、不同推进速度以及不同螺旋机转速等情况下盾构掘削模型试验，得出了土仓压力与排土效率、单位时间排土量与推进速度、推力和扭矩之间的内在联系，以及隧道埋深、刀盘开口率、推进速度对推力和扭矩的影响。刘铭和王志良[61]研究了盾构施工扰动引起隧道固结沉降的估算方法。

目前，在考虑地下水情况下分析盾构施工对土体扰动规律的相关研究不充分，特别是在高地下水位情况下，盾构施工将产生显著的超静孔压，此超静孔压与地表沉降和土层变形的关系目前研究工作较少。因此，针对盾构施工过程中的超静孔压的大小及其与地表沉降的关系需进行深入研究。

1.2.3 管片承载规律的研究现状

盾构隧道施工后管片所受土压力和水压力的大小直接影响管片的安全使用[62,63]。作用于衬砌上的土压力实际上是周围土层与衬砌共同作用面上的接触应力，其大小及分布形式不仅与地层的物理力学性质、衬砌的刚度有关，而且与施工方法、隧道的埋深、直径、形状等几何参数有关。目前常用的管片土压力计算方法以太沙基松动土压力理论为基础，推算管片所受到的土层压力，其不足之处在于它未考虑盾构施工方法及衬砌刚度等因素对土压力大小和分布的影响，认为不论衬砌的刚度和土层的性质如何，衬砌所受到的土压力的分布形式都是同样的[64,65]。因此，许多学者针对此问题，进一步采用数值计算、模型试验和现场实测的方法进行了深入研究。

(1) 管片荷载大小的分析

盾构施工过程会对周围土体孔隙水压产生扰动，而孔隙水压力的分布状况对管片长期荷载的变化具有重要影响。对土压平衡和泥水平衡盾构，当盾构推进力大于盾构面前方的静止土压力或注浆压力大于对应位置处的自重应力时就会使周围土体产生加载挤压状态，当开挖面推力较小时将使周围土体产生卸载状态[66,67]。不同的加卸载状态将在周围土体中产生不同的超孔隙水压力。

Ramoni[68]通过三维数值模型，分析了土体沿盾构轴向的变形情况，对盾构与土体之间间隙、注浆情况等参数进行研究，分析了盾构施工后管片的承载情况。李宇杰、何平和秦东平[69]等分析了管片纵缝拼装对管片内力的影响；Ahamad[70]采用平面应变的轴对称模型和应变软化的材料模型，并考虑流固耦合作用，分析了隧道开挖后的渗流场和应力场分布情况。Bobet[71]分析了在排水和不排水情况下，矩形隧道和圆形隧道在管片受力和土体变形方面的区别。Moller[72]分析了不同施工过程对隧道下沉、地表沉降和管片荷载的影响，计算结果表明，注浆压力对于地层和管片的影响较为显著。Carranza[73]采用理论分析和数值模拟方法，分析了隧道开挖后不同水压条件对管片压力和变形的影响，并研究了土体采用不同弹塑性模型对土体应力、变形、塑性区分布的影响。Lee[74]针对隧道支护结构与土体的相互作用关系，进行了离心模型试验，分析了两隧道不同间距和不同埋深情况下，隧道周围土体土拱的分布规律。Hwang[75]采用半解析的方法分析了隧道在强含水地层中渗水量随时间的变化过程。Wilson[76]在考虑土层剪切强度随深度逐渐增大情况下的管片承载大小以及上覆土层的稳定性。

在低渗透性土体中，由于土体变形的时间效应，盾构隧道施工过程对管片承载大小将产生影响。Ramoni[77]针对盾构施工过程，建立轴对称计算模型，分析了盾构类型、地层条件、注浆层厚度等因素对管片压力的影响，给出了根据相关施工条件下管片压力的估计方法。在特殊地层条件时，特别是周围土体变形时间效应较为显著时，盾构的长度、注浆压力、浆体流动性能等施工参数对管片最终的承载大小具有重要影响。

(2) 管片荷载长期变化规律

管片荷载随时间的发展主要受到以下四个因素的影响[78]：① 隧道开挖引起的周围土体的超静孔隙水压力大小和分布；② 土体的物理力学和渗透特性；③ 隧道衬砌的渗透性；④ 地下水位的变化。

Reilly[79]通过对建造在正常固结粉质黏土、直径为 3 m 的英国 Grimsby 隧道 11 年的观察，发现 Grimsby 隧道施工引起的地表沉降经历了 10 年才最终达到平衡。上海打浦路越江隧道投入使用后的 16 年中，其长期沉降增量达到 120 mm，造成隧道的挠曲并发生环向裂缝[80]。Inokuma[81]给出了一个现场工程长期监测的完整数据，隧道直径为 5 m，埋深为 32 m，有泥水盾构施工完成，监测了混凝土衬砌外的土压力和孔隙水压力，从而得出管片所受到的荷载主要来源于孔隙水压力，有效应力所占的比例较少。Clough[82]

对土压平衡盾构施工引起的隧道周围的孔隙水压力的变化进行观察，发现盾构施工过程中隧道轴线两侧的孔隙水压力有明显升高的趋势。由于对隧道地表沉降和管片荷载长期监测所需要的时间跨度和经济费用较大，使得隧道长期性能的研究也受到很大限制。到目前为止国内外关于隧道地表长期沉降的研究相对较少，而且世界各国关于该问题的认识也存在相当的差异，这些都制约了对隧道长期运营安全的认识和评价。

地下水位的变化同样对管片荷载会产生影响。Anagnostou[83]分析了地下水位是否下降对地表沉降的影响，通过分析得知，随着地下水位的下降，地表沉降随时间变化量较大。考虑土体固结时，考虑土体固结时，需要注意区分隧道开挖后的两种状态：开挖之后的短期状态($t=0$)和长期状态($t=\infty$)。前者对应于土体的不排水情况，后者对应于土体的排水状态。在地下水的影响下，盾构隧道开挖后所需支护荷载也具有显著的时间效应。隧道开挖后的短时间内，即使隧道没有施加支护，也能够保持稳定；然而在较长时间之后，隧道必须施加足够的支护才能保持稳定。这是由于长时间后孔隙水压力消散造成的影响。

土体变形的时间效应包括土体的蠕变和固结。Sterpi[84]和 Shalabi[85]分析了蠕变的影响，Bobet[86]分析了低渗透性土体中隧道周围土体固结即孔隙水压力的消散过程。张冬梅、黄宏伟和杨峻等[87]在综合考虑隧道的局部渗透性以及土体时效特性的条件下，采用数值模拟的方法，对隧道长期性态发展过程中衬砌局部渗流对地表沉降、沉降槽及地层损失的影响进行了分析。

(3) 管片渗透性能变化对管片荷载的影响

当衬砌渗透性能发生变化时，管片所受水压将发生变化，从而引起管片内力发生变化[88-90]。Shinh[78]分析了当衬砌由于土颗粒堵塞造成衬砌渗透系数下降，从而引起衬砌荷载增大的力学机理，分析了衬砌所受土压力和孔隙水压力在此过程中的变化过程，从而为衬砌初次支护和二次支护的设计提供了参考。

Bobet[91]通过对深埋隧道的分析认为，在地应力和水压在模型的边界施加时，地层和衬砌之间接触面的排水条件对衬砌中的应力没有影响，然而地层中的应力随排水条件的不同会发生改变。Shin[92,93]研究了埋深为 20 m、直径为 4 m 的隧道管片所受到的荷载长期变化过程，通过研究指出，管片所受到的土压力主要与土体渗透特性和管片的渗流边界条件有关，分析结果同时显示，周围土体长期的渗流场与土体和管片渗透系数的比值密切相关。

根据上述研究现状可知，盾构施工过程会对管片荷载产生影响，同时管片长期荷载变化与土体孔隙水压力的消散以及管片透水性能的变化密切相关，特别是在管片发生漏水漏泥等情况下，管片荷载的变化对地铁安全运营具有重要影响[94]，因此在这些影响因素作用下管片荷载的变化规律需要深入研究。

1.2.4 基于流固耦合分析的整体数值模型

整体模型是指包括盾构、土体、管片的分析模型，如图 1-5 所示，由此可针对性分析各种因素的影响。以往的文献常将此问题中各种因素分开单独考虑，对盾构施工过程的影响分析较少,未考虑各因素之间的相互影响。

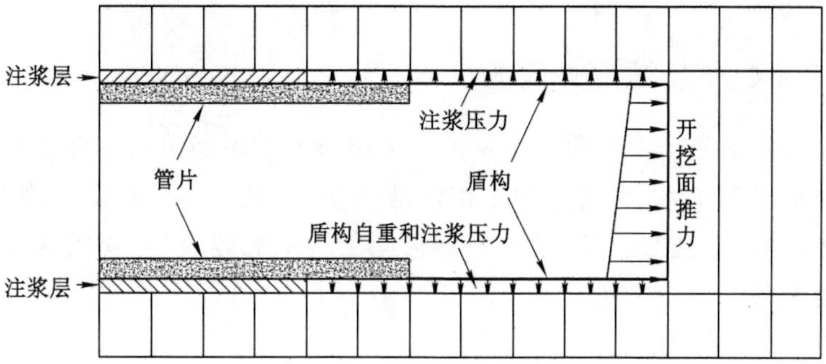

图 1-5 整体分析模型示意图

针对整体分析模型,以往的研究可分为不包括盾构和包括盾构两类[95]。Shalabi[96]在针对土体蠕变的影响分析模型中,不考虑盾构的影响,直接假设衬砌端头位于隧道开挖面处,计算了管片荷载和土体压力随时间的变化过程;在 Floria[97]对开挖排水条件对地层的影响分析中,盾构区域没有施加支护荷载,而在 Amberg[98]对此问题的分析中,盾构区域和开挖面均施加了 1MPa 的支护荷载,此两学者最后均分析了变形后土体和盾构之间的间隙与盾构超挖尺寸之间的关系,从而判断施工过程中土体对盾构的荷载。

Ramoni 和 Anagnostou[99]采用轴对称分析模型,分析了盾构推力、超挖尺寸、盾构长度、盾构与土体摩擦系数等对盾构施工的影响。Ramoni 和 Anagnostou[100]针对高挤压性土层(squeezing ground)中的盾构施工,建立了可分析盾构、地层、支护结构之间相互影响的计算模型,如图 1-6 所示,根据分析结果给出了根据地层变化情况对盾构施工参数和支护结构的优化设计方法。

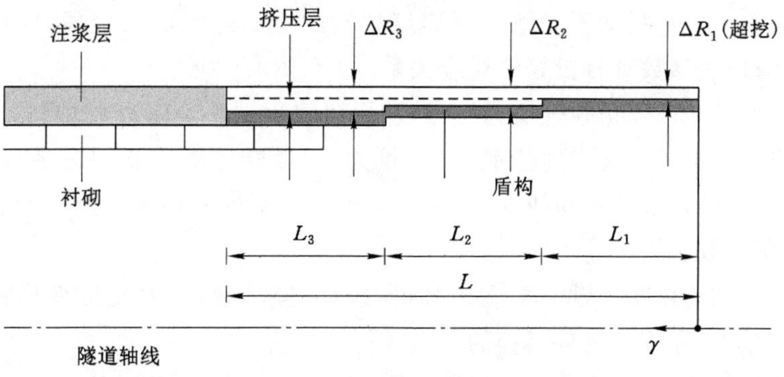

图 1-6 盾构、地层和支护结构相互影响的分析模型[99]

三维流固耦合数值分析方法使得盾构掘进过程中各种施工参数对周围土体的应力变化以及孔隙水压力变化过程得以分析,消除了以往平面应变分析的缺点,可以得到隧道轴向的应力和变形演化过程,同时地层、盾构、支护结构之间的接触模型使更符合实际的计算模型得以实现。因此，对于水下盾构隧道施工过程的研究，需采用整体数值模型进行分析。

1.2.5 施工参数环境适应性问题

目前对于开挖面稳定性的研究主要关注于保持开挖面稳定所需要的最小支护力，但对于城市地下盾构施工，更为重要的是控制地表变形，减小管片荷载。因此需根据实际城市环境要求，确定合理的施工参数，使盾构施工对地表建筑物、周围管线、临近隧道的扰动影响降低至最小。

(1) 盾构机和刀盘的选型

针对盾构机刀盘和选型与地层之间施工参数的适应性，一些学者进行了研究。尹吕超[101]总结了日本盾构隧道的新技术，并给出了各类不同地层条件下适用的盾构机类型。张成[102]总结了上海、广州、南京、深圳等地的地质特点，给出土压平衡盾构对各类地层的适应条件，以及相应的刀盘、刀具的结构型式，并给出了适应各类地层的刀盘大小。白中仁[103]介绍了适应广州地层特性的地铁3号线盾构选型技术，以及相应的刀盘、刀具配制方案。何伦[104]在分析了各种刀具作用机理的基础上，并结合对当今世界不同地质条件下盾构施工实例的分析，研究了与各种不同地质条件相适应的刀盘、刀具的组合。张凤翔[105]在《盾构隧道》一书中总结了盾构机的种类，以及各种盾构机使用的地层条件。

(2) 施工参数环境适应性的现场实测研究

针对盾构施工参数与环境之间相互影响的问题，许多学者采用现场实测的方法进行了研究。张莹、蔡宗熙和冷永刚[107]以天津地铁某标段隧道工程的地层条件为背景，基于施工现场盾构掘进实际测量采样数据，对盾构掘进参数和地质参数进行了关联分析，提出了根据掘进参数定性识别地质特征的方法。其中，盾构工作参数基于每转切深进行“归一化”，而地质参数根据不同地层对隧道地质的贡献进行加权处理，分析发现处理后的掘进参数与地质参数具有较好的对应关系。

张厚美[108]结合广州市轨道交通三号线“天河客运站—华南师大站”盾构区间隧道工程的施工，应用正交试验技术对土舱压力、推力、刀盘转速等主要掘进参数对掘进速度、刀盘扭矩的影响进行现场试验研究，并建立了土压平衡式盾构在软土中的掘进速度数学模型和刀盘扭矩数学模型。

李大勇[109]结合南京地铁一期盾构掘进过程中监测数据，对土体变形特性与盾构工作参数(土舱压力、注浆量、出渣量)的关系进行了分析。

邓忠义[110]结合上海复兴东路越江隧道盾构施工大量监测数据，对盾构施工参数与开挖面的稳定与平衡做了研究，包括切口水压、送泥密度、排泥密度、推进速度、刀盘力矩、千斤顶顶力、注浆压力、注浆量、土砂量、掘削时间和盾构平面、高程、方位角、转角等方面。

魏新江、周洋和魏纲[111]通过对杭州地铁1号线盾构隧道施工进行现场监测，研究了盾构机参数关系及其对地层位移的影响。

张明聚、赵明和王鹏程等[112]通过现场监测，研究了小净距平行盾构隧道施工中后行隧道掘进引起的先行隧道管片附加应力，分析结果表明，当后行隧道掘进到监测断面附近时，附加应力有突变量，水平直径处环向受到压力作用，环向应力的量值比纵向应力大。

林存刚、张忠苗和吴世明等[114]通过对杭州庆春路过江隧道盾构掘进地面位移的分析，发现横断面地面注浆隆起符合高斯分布，通过分析说明，提高注浆建筑空隙填充率对减轻盾构掘进给结构造成的危害是最为关键的，额外注浆反而对结构不利。

侯永茂、郑宜枫和杨国祥等[115]依托上海迎宾三路直径为 14.27 m 的土压平衡盾构隧道工程，通过在试验段布设监测断面、调整施工参数，研究超大直径土压平衡盾构施工诱发的地表沉降分布和发展规律，通过分析发现，超大直径土压平衡盾构施工中土舱压力和同步注浆参数的设定决定了地表沉降的发展规律，其中同步注浆的参数设定对于控制地表沉降起关键作用。

(3) 施工参数环境适应性的理论和实验研究

针对盾构机施工参数与环境之间关系的理论研究，朱北斗、龚国芳和周如林等[106]应用 BP 神经网络建立一个以相邻 2 个采样时刻的盾构推进力、推进速度、刀盘扭矩、刀盘转速共 8 个掘进参数为输入，地层编码为输出的地层识别模型。通过 60 组训练样本数据对模型进行训练，并用 30 组预测样本数据对该模型加以预测检验，预测成功率达到 93%左右。结果表明，基于盾构掘进参数的 BP 神经网络地层识别模型能够实现盾构掘进参数与地层之间的良好非线性映射，可以在盾构掘进施工中利用掘进参数实现对地层的在线识别。

Anagnostou[117]通过建立于开挖面的局部坐标系进行建模计算，得知对于低渗透性土层，在隧道连续开挖过程中开挖面附近应力的变化常伴随着土体的固结过程，因此，开挖速率将影响地表的沉降，开挖速率越高，地表沉降越小。

马险峰、陈斌和田小芳等[113]以上海典型软弱地层为背景，通过离心模型试验，研究了不同注浆率下的盾构上穿越施工对既有隧道以及周围地层的影响。试验结果表明，新建隧道近距离上穿越既有隧道时，隧道开挖的卸载效应等会导致既有隧道的隆起，但随着注浆率增大，既有隧道的隆起量减小。但过高注浆率对周围土体扰动较大，从而导致工后既有隧道的沉降也越大。

徐前卫[116]分别以北京地区典型砂土地层和上海地区的软土地层中土压平衡盾构的掘进施工为背景，从室内模型试验出发，辅以数值模拟分析，研究了盾构施工参数与土层特性的适应性问题，分析了盾构施工参数的改变与地表变形之间的内在联系，给出了盾构开挖面地层损失引起的地表三维变形的理论预测公式，并通过数值模拟加以验证；结合对试验结果的分析，从理论上对土体—盾构的相互作用规律以及盾构机各工作参数之间的内在联系做了探讨。

由于盾构的施工，开挖面附近的孔隙水压力分布将会发生改变，如图 1-7 所示。此孔隙水压力的改变会对开挖面的稳定和变形、地表沉降、土体扰动范围、管片荷载等产生影响。目前的施工参数环境适应性问题对于地下水的考虑较小，特别是综合开挖面透水性、土体渗透性、盾构推进速度、管片安装时机等与土体变形的时间效应密切相关的因素，相关研究较少。

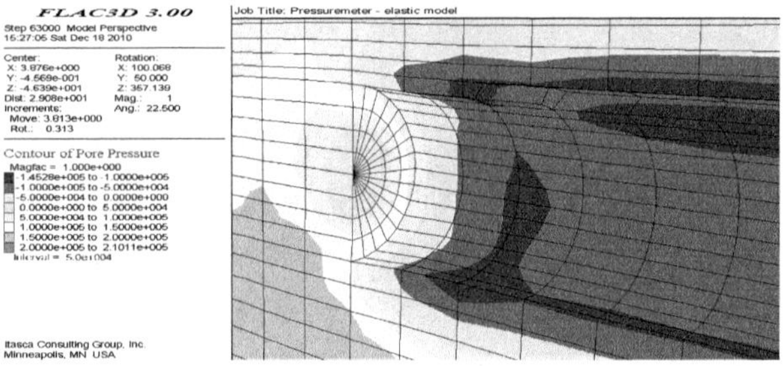

图 1-7　隧道开挖后土体孔隙水压力分布示意图

1.3　水下盾构隧道施工研究中存在的问题

根据对盾构隧道施工过程中开挖面稳定性、土体扰动、管片承载规律等问题研究现状的综合分析，可得知在以下方面仍需进一步进行研究：

(1) 盾构推进导致周围土体的应力状态发生复杂变化，由此产生的超静孔隙水压力的分布及其量值也很复杂。以往研究盾构推进对地面沉降的影响多集中在开挖面平衡及盾尾间隙注浆充填，过多关注受扰动土体强度和稳定性，往往忽视孔隙水压力的变化。盾构在淤泥质黏土、粉质黏土及砂质粉土中推进时产生的超静孔隙水压力以及消散过程对土体扰动很大，其导致的沉降可占总沉降量的 40%。因此，针对盾构施工过程中的超静孔压的大小需进行深入分析。

(2) 目前在针对开挖面最小推力的计算模型中，对于开挖面上方的土拱效应如何考虑是研究的难点问题。而地下水对此土拱效应将产生影响，最终影响开挖面所需要的最小支护力，此问题未见相关文献进行研究。

(3) 盾构施工过程中将在开挖面前方产生超静孔隙水压力，而开挖面稳定性与周围土体孔隙水压力的分布状态密切相关。较大的超静孔压会降低土体的有效应力，从而降低开挖面安全系数，而目前相关文献较少考虑此超静孔隙水压力的影响。

(4) 盾构施工之后，在地下水作用下的管片承载规律，特别是由于管片局部漏水漏泥之后管片荷载的变化大小，需要深入系统分析。

1.4　本书的主要工作

本书基于流固耦合理论，针对水下盾构的施工参数环境适应性问题，采用理论解析、数值模拟、模型试验以及现场工程实测的方法进行了研究，包括盾构施工对孔压的扰动规律、开挖面稳定性分析以及管片承载规律等方面[119]，研究技术路线如图 1-8 所示。主要研究内容如下所述：

(1) 结合上海虹桥迎宾三路隧道工程，建立包括各种盾构施工参数影响的三维流固

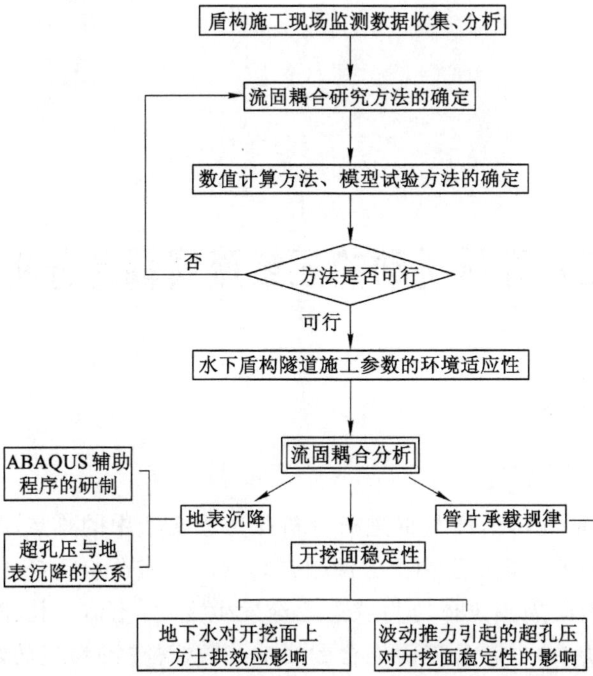

图 1-8 研究技术路线示意图

耦合分析模型，并进行计算模型的验证。之后分析开挖面推力、注浆压力、开挖速度、开挖面水头、隧道埋深以及土体渗透系数等参数对隧道周围最大超静孔压的影响；并分析超静孔压与地表沉降的关系，从而将计算结果应用于工程实践。

(2) 针对地下水对开挖面上方土拱形成过程的影响，进行干砂和饱和砂的对比模型试验。对比分析干砂和饱和砂情况下土拱发展过程、土拱高度等方面的区别。根据试验结果，分析地下水对开挖面最小推力计算方法的影响。

(3) 开挖面推力的波动将在开挖面前方产生超静孔压，分析开挖面推力波动变化引起的超静孔压计算方法；进而结合楔形体模型，给出了超静孔压对开挖面稳定性影响的计算方法。通过参数分析给出了不同情况下产生的超静孔压大小，以及对开挖面稳定性影响的计算结果。

(4) 结合土体渗透系数随孔隙比变化的特性，分析管片在渗流作用下的承载规律。建立包括管片和土体的流固耦合分析模型，包括渗流计算模型和应力位移计算模型，并给出了流固耦合计算方法。计算结果为实际管片承载设计提供了参考。

2 盾构施工对孔压扰动的三维流固耦合分析

2.1 概述

如何对盾构施工过程中的孔压监测数据进行分析是工程实践中的难点问题。隧道施工过程中，土体孔隙水压力的变化将受两个方面因素影响[57]。首先会受到土体应力状态变化的影响，隧道施工会引起周围土体应力状态逐渐发生变化，土体中孔隙水压力将会随之改变，在数值计算分析中，也就是流固耦合的影响；其次是受到渗流的影响，隧道施工会使开挖面、隧道表面的渗透边界条件发生变化，使周围土体产生向开挖面和隧道表面的渗流，从而改变土体中孔隙水压力。在针对隧道施工过程与水的相互影响分析中，需综合考虑这两方面的影响。

本章采用三维有限元流固耦合计算方法(ABAQUS)，以上海虹桥综合交通枢纽迎宾三路隧道新建工程为计算对象，根据盾构施工过程，建立包括盾构、管片、注浆层、注浆压力、开挖面推力等因素的整体计算模型，分析盾构施工对周围土体孔隙水压力的扰动，并通过参数分析获得各种情况下的超静孔压拟合计算公式，从而为现场工程超静孔压监测数据的分析提供依据[58]。

2.2 工程概况

上海虹桥综合交通枢纽迎宾三路隧道新建工程盾构段工程，如图 2-1 所示，为东西向分布。盾构从始发井(西端工作井，位于七莘路西侧)出发，穿越七莘路高架桩基和北横径，进入虹桥机场区域。在 K1＋410.20 处穿越虹桥机场主跑道南侧端头，与主跑道呈 131°立交。随后，穿过虹桥机场南侧的滑行道、绿化区、停机坪，在约 K2＋66 穿出虹桥机场。本书在图 2-1 所示穿越机场跑道之前的试验段监测断面处进行了现场孔压和地表沉降监测，此断面处地层剖面图如图 2-2 所示，土层力学参数见表 2-1。

不同的施工参数将产生不同的地表沉降，相应产生的超静孔压将具有不同的大小。因此，本书据此工程实例作为基本模型，进行盾构施工的三维流固耦合分析，根据现场监测数据验证数值模型的合理性；进而进行不同影响因素的参数计算，研究盾构产生的超静孔压大小及其与地表沉降之间的关系，最终为实际工程中孔隙水压力监测数据的分析提供依据。

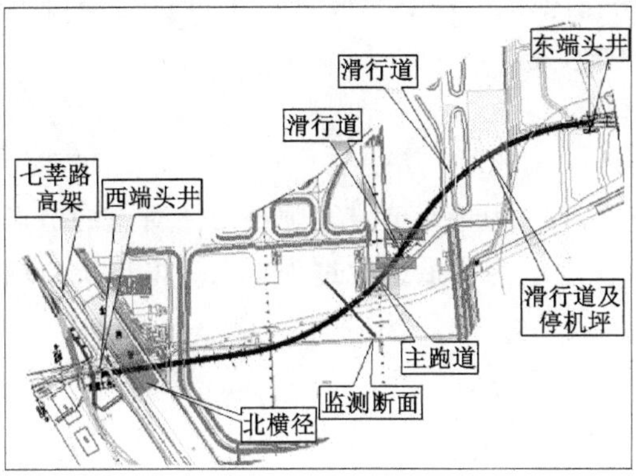

图 2-1 上海虹桥迎宾三路隧道工程示意图

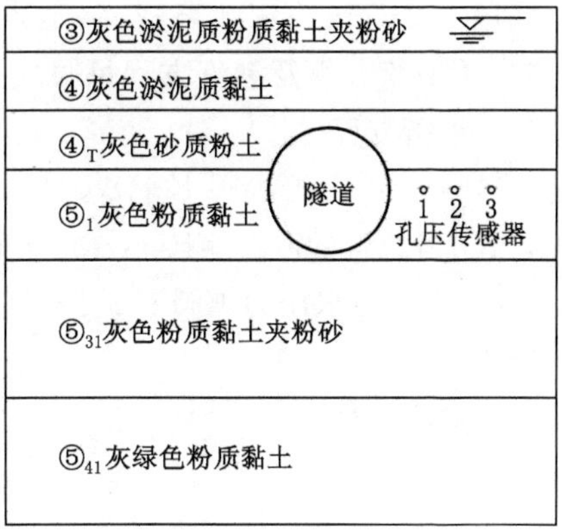

图 2-2 监测断面地层剖面图

表 2-1 **土层力学参数表**

地层	重度/(kN/m³)	孔隙比	弹性模量/MPa	内聚力/kPa	内摩擦角/(°)	渗透系数/(m/s)
③	16.8	1.5	3.0	20.0	25.0	1×10^{-5}
④	18.0	0.95	8.2	11.0	11.4	4×10^{-6}
④$_T$	18.2	0.92	9.0	3.0	30.4	4×10^{-4}
⑤$_1$	17.8	1.0	4.8	14.0	19.4	2×10^{-6}
⑤$_{31}$	17.5	1.1	5.5	15.0	19.1	4×10^{-5}
⑤$_{41}$	19.6	1.0	12.0	26.0	26.8	2×10^{-6}

2.3 三维流固耦合数值模型的建立

2.3.1 流固耦合计算基本原理

目前，耦合场计算大致有两类：间接耦合法和直接耦合法[7]。间接耦合法是分别计算渗流场和应力场，通过两场的交叉迭代分析两者的耦合效应，而直接耦合是以应力场的节点位移和渗流场的孔隙水压力为未知值建立数学模型，通过求得解析解分析两场完全耦合的效应。本书采用 ABAQUS 软件进行的耦合计算，是基于比奥固结理论的直接耦合方法[9]。

土体的渗流基于达西定律进行计算。根据质量守恒定理，可得渗流的连续性方程为[118]：

$$-\left(\frac{\partial \nu}{\partial x}+\frac{\partial \nu}{\partial y}+\frac{\partial \nu}{\partial z}\right)=S\frac{\partial h}{\partial t} \tag{2-1}$$

式中，S 为贮水率（当水头 h 变化一个单位时，由于骨架变形和水的膨胀压缩，从单位体积含水层中释放或贮存的水量）；t 为时间。

采用Galerkin有限元格式，将节点位移和孔隙水压力作为节点自由度进行空间离散，则力学平衡方程及渗流方程可写成如下矩阵形式[9]：

（1）平衡方程：

$$[K]\{\Delta\bar{\delta}\}-[L]\{\Delta\bar{P}\}=\{F\}-\{I\} \tag{2-2}$$

式中，$[K]$为通常的刚度矩阵；$\{\Delta\bar{\delta}\}$为位移增量；$\{L\}$为单元节点孔隙压力所对应的节点力；$\{\Delta\bar{P}\}$为孔隙水压力增量；$[F]$为节点外荷载；$[I]$为增量迭代过程中上一增量步中的不平衡力。

（2）渗流方程：

$$[\dot{B}]^{\mathrm{T}}[\bar{\nu}]+[\dot{H}]\{\bar{P}\}=\{Q\} \tag{2-3}$$

式中，$[\dot{B}]$为节点变形率对应的体积改变率；$[\bar{\nu}]$为$\{\bar{\delta}\}$对时间的导数；$[\dot{H}]$为孔压变化对应的体积改变率；$\{\bar{P}\}$为孔隙水压力；$\{Q\}$为节点流量。

直接求耦合方程，首先引入时间积分，差分公式为[9]：

$$\{\bar{\delta}\}_{t+\Delta t}=\{\bar{\delta}\}_t+\Delta t[(1-\xi)\{\bar{\nu}\}_t+\xi\{\bar{\nu}\}_{t+\Delta t}] \tag{2-4}$$

式中，$0\leqslant\xi\leqslant1$，为确保数值稳定，可以选择$\xi=1$（向后差分法），此时式(2-4)可写成：

$$\{\bar{\nu}\}_{t+\Delta t}=\frac{1}{\Delta t}(\{\bar{\delta}\}_{t+\Delta t}-\{\bar{\delta}\}_t) \tag{2-5}$$

因此，在$t+\Delta t$时刻的渗流方程为：

$$[\dot{B}]^{t}\{\bar{\delta}\}_{t+\Delta t}+\Delta t[\dot{H}]\{\bar{p}\}_{t+\Delta t}=\Delta t\{Q\}_{t+\Delta t}+[\dot{B}]^{\mathrm{T}}\{\bar{\delta}\}_t \tag{2-6}$$

使用牛顿迭代进行线性化，式(2-6)变为：

$$-[\dot{B}]^{\mathrm{T}}\{\Delta\bar{\delta}\}-\Delta t[H]\{\Delta\bar{p}\}=\Delta t[\{Q\}_{t+\Delta t}]+[\dot{B}]^{\mathrm{T}}\{\bar{\nu}\}_{t+\Delta t}+[\dot{H}]^{\mathrm{T}}\{\bar{P}\}_{t+\Delta t} \tag{2-7}$$

耦合控制方程可写成如下形式：

$$\begin{cases}[K]\{\Delta\bar{\delta}\}-[L]\{\Delta\bar{P}\}=\{F\}-\{I\}\\-[B]^{\mathrm{T}}\{\Delta\bar{\delta}\}-\Delta t[H]\{\Delta\bar{p}\}=\{R\}\end{cases} \tag{2-8}$$

式中，

$$\{R\}=\Delta t[\{Q\}_{t+\Delta t}+[\dot{B}]]^{\mathrm{T}}\{\bar{\nu}\}_{t+\Delta t}+[\dot{H}]^{\mathrm{T}}\{\bar{p}\}_{t+\Delta t} \tag{2-9}$$

在渗流—应力耦合场求解过程中，在一个时间步长Δt内，方程形成了迭代求解基础，它还需要满足位移边界条件和渗流边界条件，当单元进入塑性区后，只需将弹性矩阵用弹塑性矩阵代替并进行塑性迭代计算即可[9]。由于采用了向后差分的数值计算方法，ABAQUS在进行土体流固耦合计算时能够获得较好的计算效率。

2.3.2 盾构施工过程的分析模型

由于考虑到地下水的影响，盾构的施工伴随着周围孔隙水的消散，平面模型不能分析沿开挖方向的孔隙水的消散，因此，需进行三维数值计算。针对盾构隧道施工过程的三维数值模型，许多学者进行了研究[119-127]。Kasper[123]采用分步开挖的计算方法，分析了TBM隧道中开挖面推力、注浆压力、盾构自重等参数对盾构施工的影响；Mroueh[126]

建立了简化三维分析模型，计算分析了模型中未支护段长度及其应力释放系数对计算结果的影响。Komiya[127]提出了模型单元重划分的方法，对盾构施工过程进行了三维模拟分析；盾构的实际施工过程较为复杂，包括各种多方面因素的影响，在数值计算分析中，需要对分析模型进行简化。

本书所采用的数值计算方法如图 2-3 所示。在开挖面处施加沿深度逐渐增大的面力，模拟开挖面推力；在盾构外部的土体表面施加表面荷载以模拟盾构对土体的支护力，此力大小为注浆压力；同时在盾构下部土体表面施加荷载模拟盾构自重荷载。盾尾空隙的大小、注浆充填程度、隧道壁面土体受扰动的程度和范围等因素可概化为均质等厚的注浆层(等代层)[128]，此方法概念清楚，应用方便，根据相关文献研究结果[128]，本书所采用的等代层力学参数如表 2-2 所示。也就是说，在计算模型中包括了管片、注浆层、盾构、注浆压力、开挖面推力等因素的影响。为简化计算，本书中数值计算模型未考虑盾构与土体之间接触面的摩擦力、刀盘对土体的扭矩、浆液的凝固时间等因素的影响。

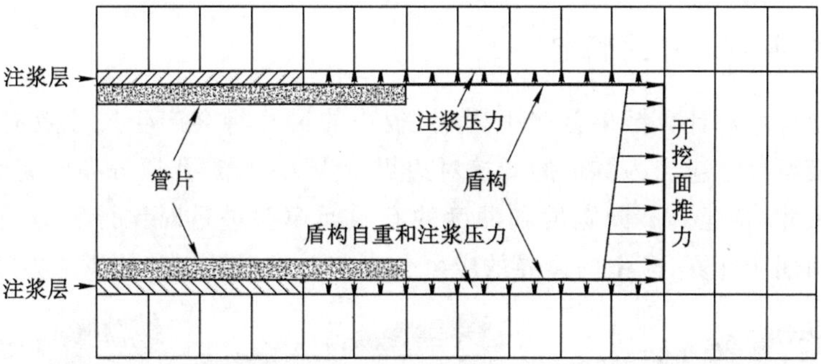

图 2-3 分析模型示意图

表 2-2 **注浆层力学参数**

弹性弹模/MPa	泊松比	密度/(kN/m³)	厚度/m
0.65	0.35	15.0	0.1

2.3.3 模型边界条件

对于流固耦合分析，边界条件分为力学边界条件和渗流边界条件。计算模型的力学边界条件如图 2-4(a)所示，四周表面和底面为法向位移约束，上表面为自由面，开挖面边界条件如图 2-4(b)所示。渗流边界条件为模型四周表面和底面均为透水边界，衬砌处为不透水边界；对于隧道开挖面，设定水头为 h_c，当 h_c 为初始水头时，则开挖面相当于不透水边界；当 h_c 为零时，则开挖面为完全透水边界；当 h_c 为设定的某一值时，则介于完全透水和不透水之间。对于上海虹桥迎宾三路隧道工程，由于开挖面采取了有效控制措施，因此设定为不透水边界进行计算。

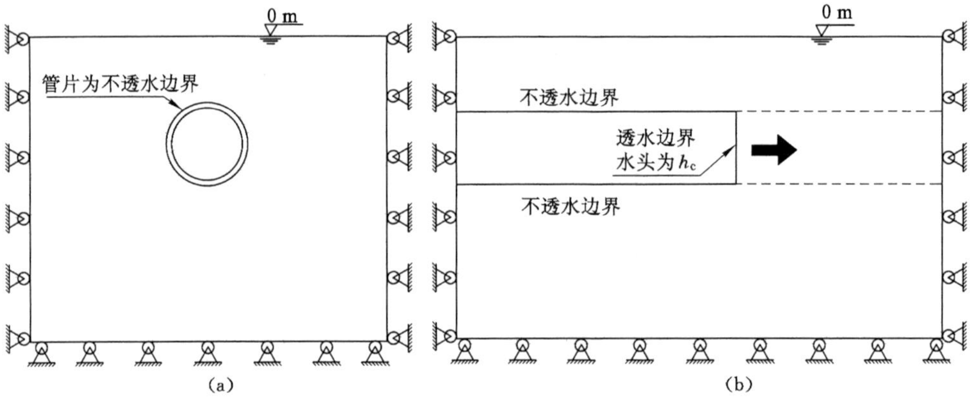

图 2-4 计算模型边界条件

(a) 横剖面;(b) 纵剖面

2.3.4 模型平面尺寸的确定

不同模型尺寸对计算结果会产生影响,较小的尺寸将会产生尺寸效应,影响计算精度。合理的模型尺寸应当为隧道的开挖对边界上应力分布、孔压分布没有影响。为得到合理的模型尺寸,特建立不同宽度和深度的有限元模型进行对比计算分析,如图 2-5 所示。对于流固耦合计算,模型的边界效应可分为应力边界效应和孔压边界效应。

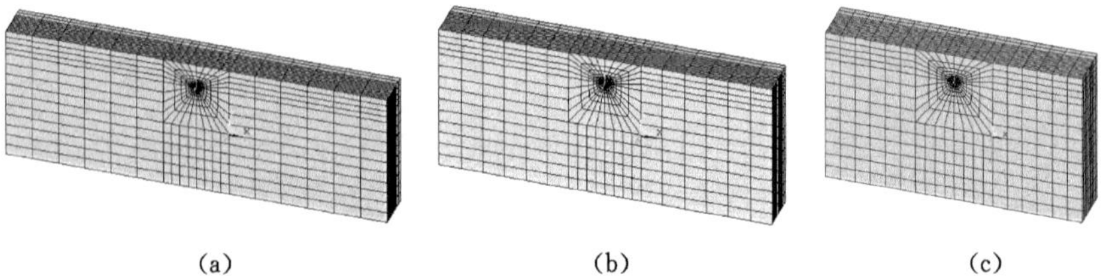

图 2-5 三种不同尺寸模型示意图

(a) 模型 1;(b) 模型 2;(c) 模型 3

对于应力边界效应,本书设定如下要求:① 对于模型底部边界,要求其在隧道开挖后的主应力方向旋转角度小于 2.5°,在理想条件下,底部边界上的主应力方向在隧道开挖后不应发生变化;② 两侧边界的要求在于地表沉降的大小,要求边界位置处的地表沉降与中心最大沉降的比值小于 1%。经过试算,本书所建立的模型当模型中心至隧道两侧边界距离为 $5D$,隧道中心至模型底部距离为 $3D$ 时,即可满足上述要求。

对于孔压边界效应,模型不同宽度时在边界上的孔隙水压力分布曲线如图 2-6 所示,当模型宽度为 50 m 时,在模型边界上存在显著的超静孔压,此超静孔压将对计算结果产生影响;随着模型宽度的增大,当模型宽度为 100 m 和 200 m 时,模型边界上已无超静孔压,此时说明模型宽度对计算结果无影响。因此,在本书的三维流固耦合数值计算中,模型宽度需大于 100 m。

上述内容中超静孔压为孔隙水压力与原位初始静水压力的差值,由此可显著说明孔压变化值的大小。

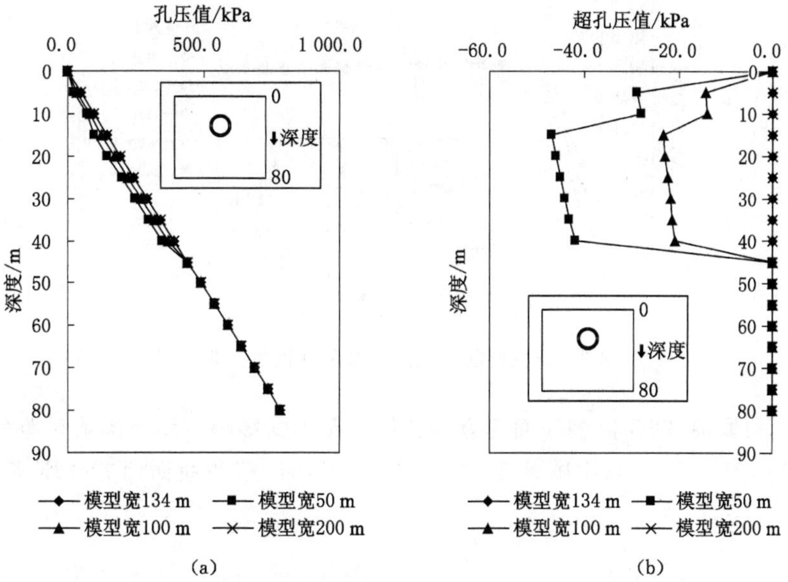

图 2-6 模型不同尺寸时边界上孔压分布曲线

(a) 孔压值;(b) 超静孔压值

2.3.5 模型开挖方向最小尺寸的确定

如图 2-7 所示,计算模型沿开挖方向的总长 $L=L_1+L_2$。其中 L_1 为监测断面之前的长度,L_2 为监测断面之后的长度。在本书的数值计算分析中,需提取监测断面上的孔压结果,因此仅需确定在监测断面上的计算结果具有一定精确度即可。这样就可将 L_1 和 L_2 的长度尽可能减小。因此需确定 L_1 和 L_2 的最小值。

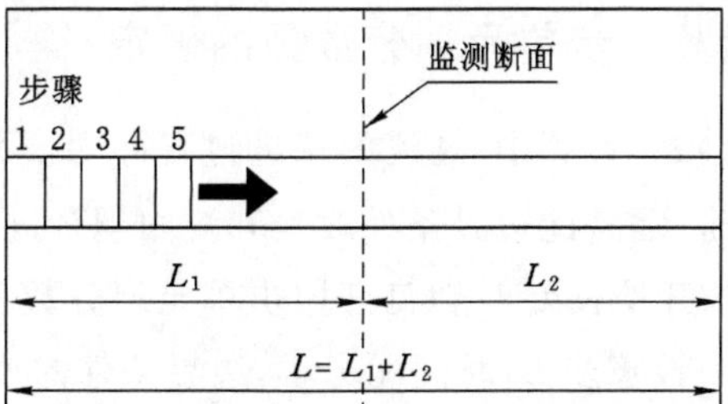

图 2-7 开挖方向最小长度分析示意图

对于流固耦合计算,在分步开挖的过程中伴随着孔隙水的消散。对于开挖面前方的孔压分布,随着开挖步的增加逐渐达到稳定状态。开挖面前方孔压分布随着开挖步的进行计算结果如图 2-8 所示,由图可知,当开挖步达到 Step3 时,开挖面前方孔压达到稳定状态，因此需 $L_1 \geqslant D$。

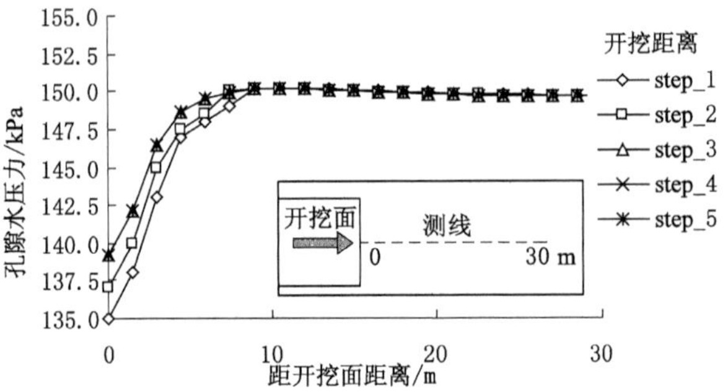

图 2-8　开挖面前方孔压分布随开挖步变化过程

对于 L_2 的取值，需使监测断面前方的孔压分布不受影响。L_2 不同值时监测断面前方的孔压分布如图 2-9 所示，由图可知，当 L_2 取值 $3D$ 时，监测断面前方孔压将受到影响，因此需 $L_2 \geqslant 3D$。

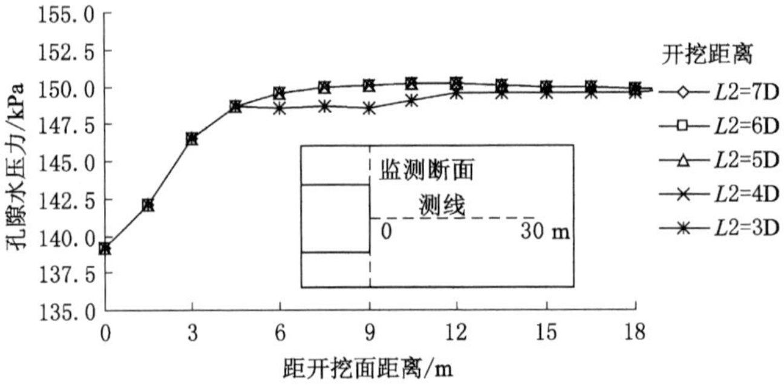

图 2-9　不同 L_2 值情况下开挖面前方孔压分布曲线

2.3.6　分步开挖长度及每步单元划分数量的确定

在对于隧道施工的有限元计算中，隧道的掘进过程即为模型应力边界条件的改变过程，在考虑地下水的影响时，需将此边界条件改变和流固耦合进行综合考虑[6,16]。也就是说，在图 2-10 中，每步分步开挖长度 L 和每开挖步单元划分数量 n 对计算结果具有一定影响。在极限情况下，每一计算步 L，时间无穷小，边界条件的该变量无穷小，即每计算步开挖长度无穷小，此时得出的结果即为真实解。但是在实际有限元计算时，考虑到计算机性能，难以达到此理想情况，因此，需将此分析过程进行离散化，包括边界条件改变（隧道施工）的离散化以及时间的离散化。在具体的数值计算设置中，也就是需合理确定图 2-10中所示 L 和 n 的值。

（1）分步开挖长度 L 的确定

分步开挖的长度 L 确定后，则每步开挖所需要的时间也就确定。不同 L 值得到的不同孔隙水压力值如图 2-11 所示。$L=2D$ 得到的最大地表沉降与孔压值与 $L=0.25D$ 时

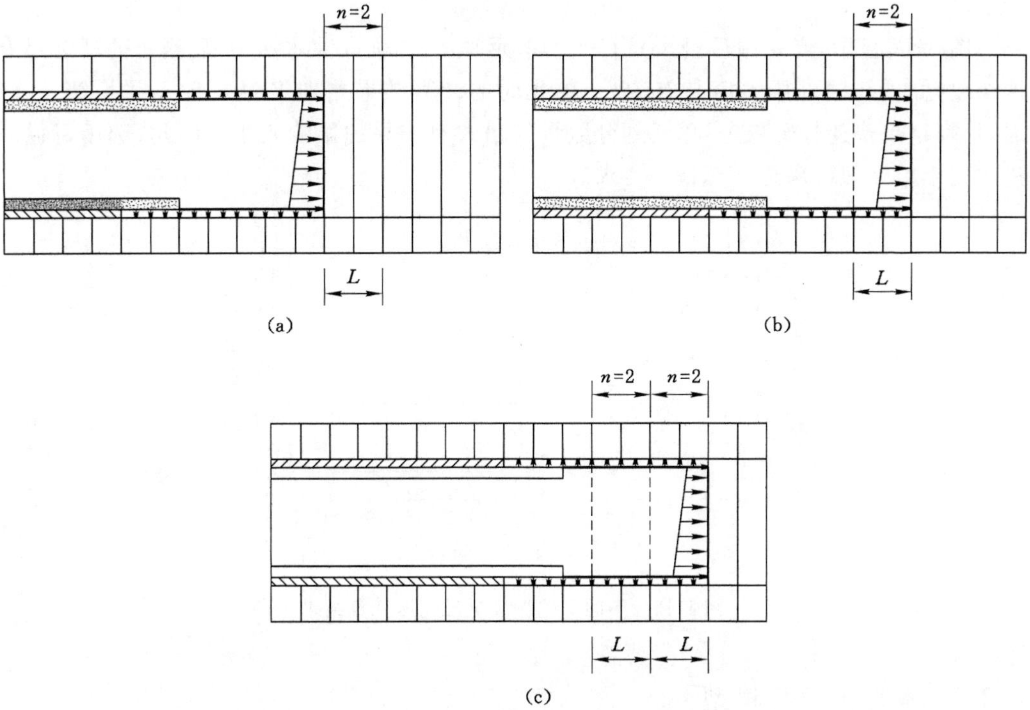

图 2-10　开挖步长度和单元划分数量示意图

(a) Step i－1；(b) Step i；(c) Step i＋1

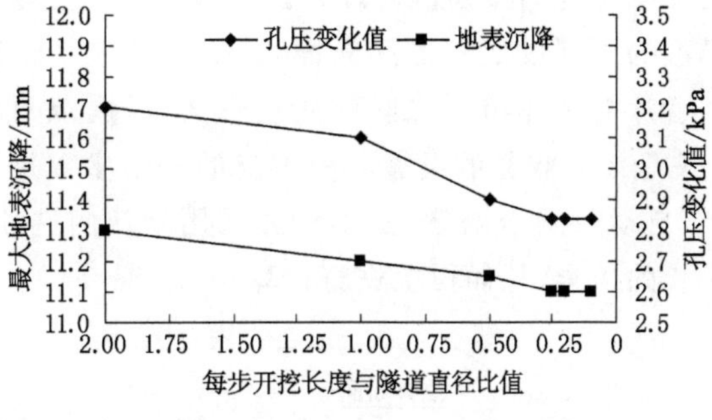

图 2-11　不同开挖步长度对数值计算结果的影响

得到的结果有显著区别，当 $L<0.25D$ 时，不同的 L 值得到的最大地表沉降和超静孔压差别小于 5%。因此，在本书的分析中，L 取值为 $0.25D$。

(2) 每开挖步单元划分数量 n 的确定

在本书的数值计算中，采用了弹塑性模型，因此模型的计算是非线性的。在非线性计算中需要进行重复迭代计算，以使计算误差在要求的范围之内，如此则需要大量计算时间。同时当单元划分数量较细时，必须考虑与时间步长和开挖速度的协调稳定，影响计算结果的精度和效果。因此需对 n 值进行优化，以得到尽可能小的 n 值，从而节约计算时间。经过计算，不同 n 值情况下得到的最大地表沉降和超静孔压结果如图 2-12

所示。

图 2-12 显示，当每循环进尺只有一个单元时，将高估孔隙水压力值，当每循环进尺有两个单元时，孔隙水压力值与有 10 个单元时的计算结果差别仅为 6.5%，说明当 $n \geqslant 2$ 时，计算结果快速趋于稳定，单元划分数量的增大对结果的影响较小。因此，选用每循环进尺两个单元即可满足计算精度要求。

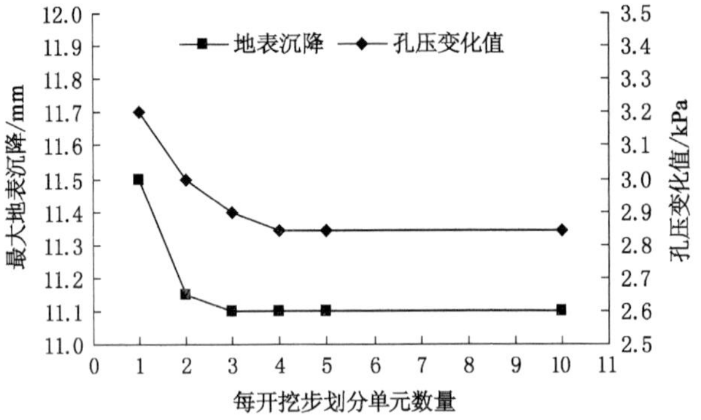

图 2-12 不同开挖循环进尺孔压计算结果

2.3.7 有限元分析模型

根据以上分析，最终确定有限元模型尺寸如图 2-13 所示，有限元网格划分如图 2-14 所示。计算过程中，每步开挖完之后，将土体固结一定时间 Δt，Δt 等于每步开挖长度除以开挖速度，由此时间开挖过程的流固耦合计算。模型纵向长度为 60 m，共计分 40 步开挖。为便于分析，在模型的中部设定一监测断面，分析盾构施工时对监测断面上土体应力、孔压的扰动情况。管片与土体单元之间建立接触面，以模拟两者之间的相互作用关系。在 ABAQUS 中，关于计算收敛的设置其中重要的一个参数是 UTOL，ABAQUS 根据内置的判断准则调节自动时间步增量；本书计算采用默认的选项，即当计算步长不收敛时，自动进行时间步长的减半，从而再次进行计算。

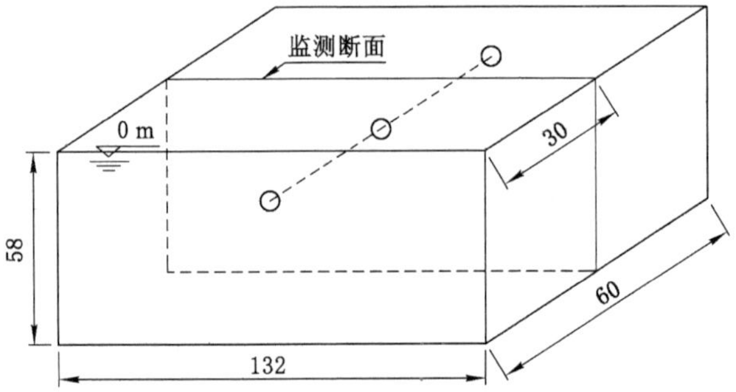

图 2-13 模型尺寸示意图(单位：m)

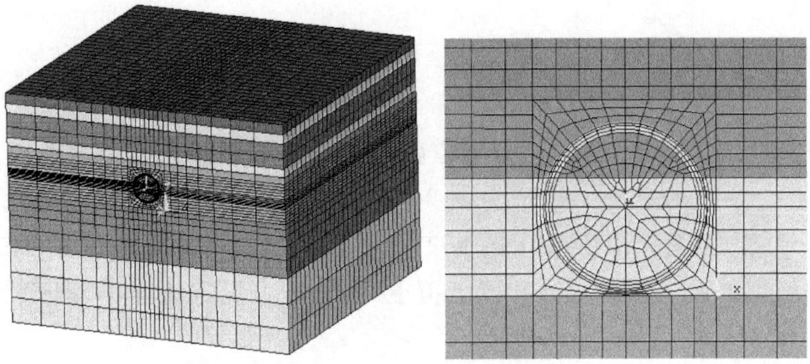

(a) (b)

图 2-14 有限元模型示意图图

2.4 ABAQUS 盾构隧道三维辅助分析程序的研制

针对盾构隧道施工过程的三维流固耦合数值计算,包括模型建立、计算参数设置、分步开挖设置、计算结果后处理等方面。由于盾构施工过程的复杂性,需包括各种施工参数的影响,并且实际地层情况往往比较复杂,而目前尚没有针对性的建模分析软件,造成针对盾构施工过程的三维数值计算难度较大。基于此,本章结合 ANSYS、ABAQUS 各自的优缺点,利用 ANSYS 较强的建模功能和 ABAQUS 的流固耦合计算功能,并采用 VB 编写分步开挖设置命令,从而研制针对盾构施工过程的三维流固耦合分析辅助程序。由此简化数值计算分析的工作强度。

所编制的辅助分析程序包括 ANSYS 建模、ABAQUS 流固耦合计算、后处理等三部分,如图 2-15 所示。

土体和管片力学参数输入界面、施工参数输入界面如图 2-16 所示。由于 ANSYS 编程语言功能较强,便于实现参数化建模,因此采用 ANSYS 编写程序语言实现参数化建模。所谓参数化建模,是指将隧道尺寸参数和地质情况参数均通过参数函数进行表达,从而实现不同参数建模过程的便利化。同时本程序可在复合土层中进行快速建模,如图 2-16 所示。采用本辅助程序,大幅简化了建模及后处理工作,减轻相关研究人员的数值计算工作强度,因此本程序具有较强的实用性。

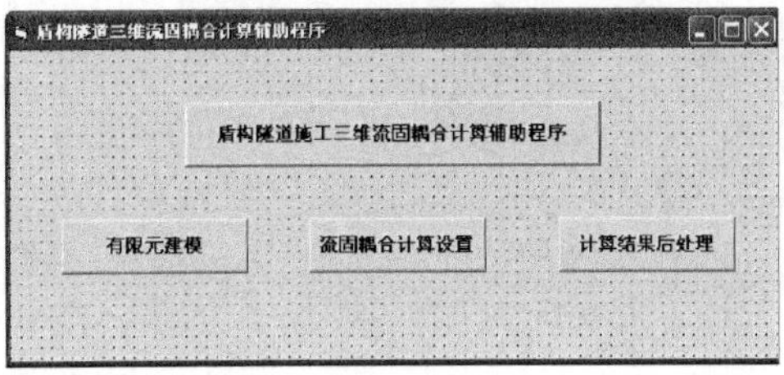

图 2-15 盾构隧道三维流固耦合计算辅助程序

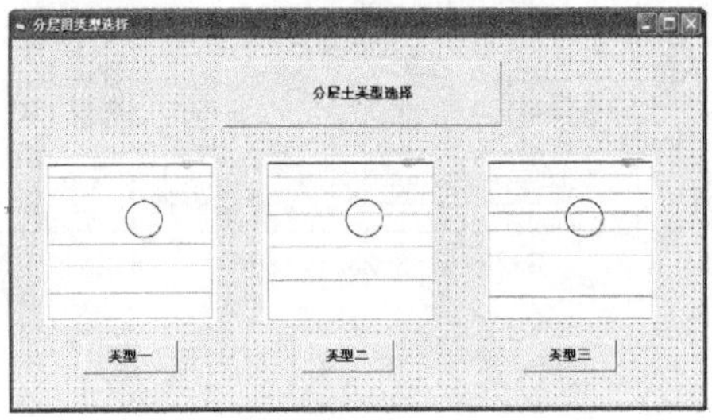

图 2-16 复合土层类型选择界面

2.5 数值计算模型的验证

上海虹桥综合交通枢纽迎宾三路隧道新建工程在下穿机场跑道之前，首先在试验段进行了盾构施工参数的试验，在试验段 84 环至 91 环过程中超静孔压的监测结果如图 2-17(a)所示，此区段盾构所采用的施工参数如表 2-3 所示。在区段 H90 至 H93 期间，盾构土仓压力的设定未考虑试验段上覆土，土仓压力设定值过小，因此在此之后对土

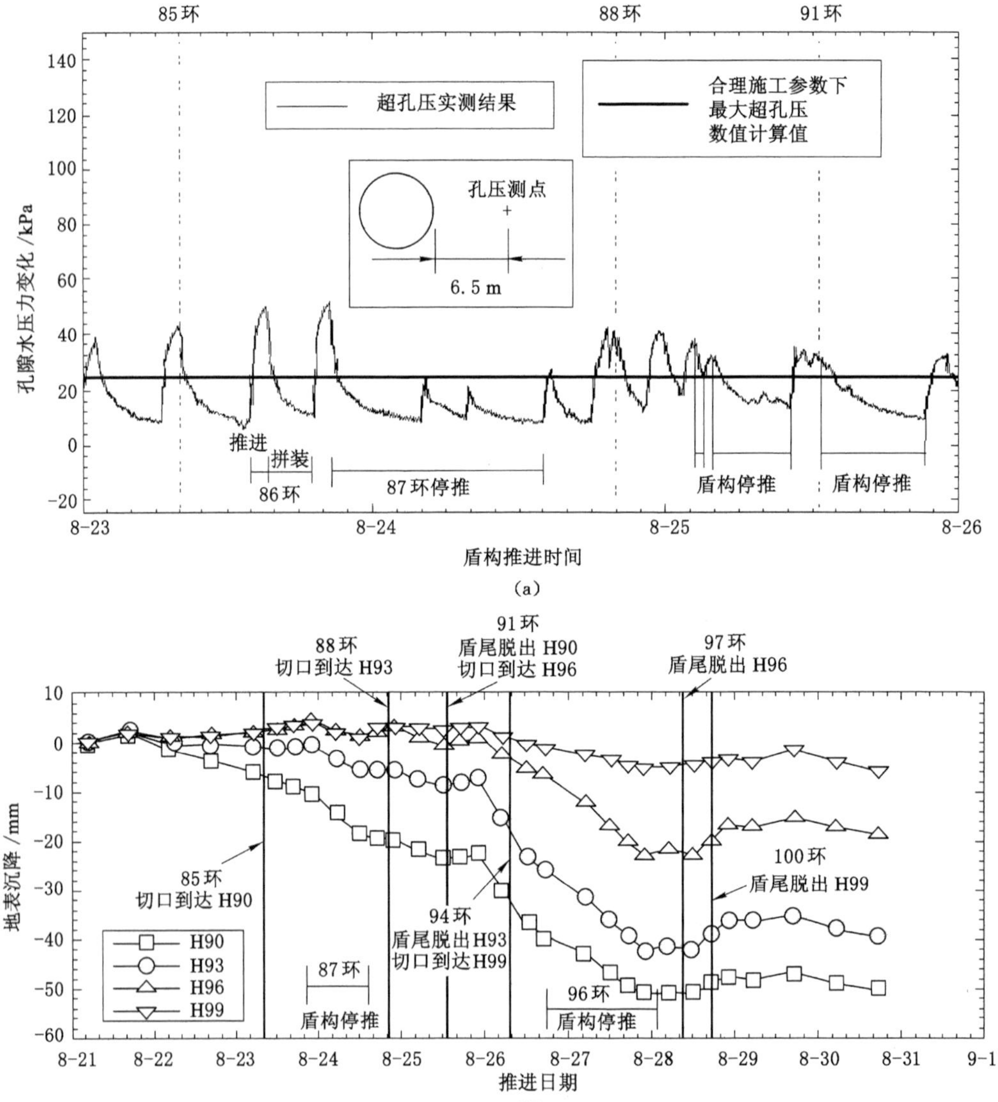

图 2-17 孔隙水压力和地表沉降监测数据

(a) 孔隙水压力变化值监测结果；(b) 地表沉降监测结果

仓压力进行了修正，修正后的施工参数如表 2-3 中 H95 至 H99 区段所示。在此试验段盾构推进过程中地表沉降监测数据如图 2-17(b)所示，由于前期土仓压力设定过小，H90 和 H93 断面土体受到前期扰动，在盾构后续推进穿越 H90 断面过程中，H90 和 H93 均产生较为明显的沉降，直至盾尾脱出 H90 断面。H99 在整个盾构推进过程中最大沉降仅为 5.8 mm，到试验段工程结束，发生的总沉降量为 9.3 mm，后期沉降也较小，可见盾构穿越 H99 断面时采用的施工参数是比较合理的。

针对表 2-3 中的施工参数，通过数值计算得到的不同施工参数情况下超静孔压值和地表最大沉降值如表 2-4 所示。通过与实测值对比可知，数值计算结果与实测结果较为接近，在 H95 至 H99 得到的超静孔压值和最大地表沉降值均较小。由此说明，本书建立的数值计算模型可合理用于考虑施工参数影响的盾构施工过程三维流固耦合分析。

表 2-3　　现场施工参数表

区段	土仓压力/kPa	开挖面推力/MN	刀盘扭矩/(MN·m)	每环注浆量/m^3	注浆压力/MPa	推进速度/(mm/min)	地表沉降/mm	最大超静孔压值/kPa
H84 至 H91	260	710	82	16	0.2	25	56.5	48.0
H95 至 H99	295	790	85	20	0.2	30	9.3	23.0

表 2-4　　实测值和计算值的比较

区段	实测值		计算值	
	地表沉降/mm	最大超静孔压/kPa	地表沉降/mm	最大超静孔压/kPa
H84 至 H91	56.5	48.0	45.6	56.5
H95 至 H99	9.3	23.0	16.8	29.6

当采用不同的施工参数进行计算时，可得到不同的地表沉降和超静孔压值；当开挖面推力为 830 MN，注浆压力为 0.3 MPa，开挖速度为 10 m/d，开挖面水头为 210 kPa 时地表沉降最小，同时得到的超静孔压值也最小，为 25.5 kPa。实际监测到的超静孔压值均比此值大，如图 2-17(a)所示。因此，盾构施工过程中不同的施工参数将产生不同的超静孔压值，可将超静孔压值作为盾构施工参数是否合理的判断依据，下文针对此问题进行详细分析。

2.6　参数计算分析

隧道周围土体孔压在不同开挖面水头、开挖面推力、注浆压力、掘进速度等施工参数影响下，变化是不同的，下文针对不同施工参数情况下的孔压变化值进行计算分析，参数取值如表 2-5 所示。在参数计算中，为简化分析，将土层理想化为均质土层。同时，仅提取距隧道一侧距离为 0.25D 的点 P 处的超静孔压 Δu 进行分析，如图 2-18 所示。也就是说，本书得到的结果是基于均质土层中盾构开挖对隧道右侧 P 点处孔隙水压的影响。

表 2-5　　参数计算表

参数	符号	值
隧道直径/m	D	3,6,9,12
埋深	C/D	1,1.5,2,2.5,3,3.5,4,4.5,5
土体渗透系数/(m/s)	K	1E－6,5E－7,1E－7,5E－8,1E－8,5E－9,1E－9
开挖面推力与上覆土体压力的比值	$\sigma_T/\gamma_土/(C+D/2)$	1,0.5,0.3,0.2,0.1
注浆压力与上覆土体压力的比值	$\sigma_P/\gamma_土/(C+D/2)$	1,0.5,0.3,0.2,0.1
开挖面中心水头与原位水头的比值	$h_c/\gamma_水/(C+D/2)$	1,0.8,0.6,0.5,0.4,0.2,0
开挖速度/(m/d)	v	5,10,15,20,25,30

说明：表中 D 为隧道直径；C 为隧道埋深；K 为土体渗透系数；σ_T 为开挖面推力；σ_P 为注浆压力；h_c为开挖面水头；v 为开挖速度；$\gamma_土$ 为土体重度；$\gamma_水$ 为水的重度。

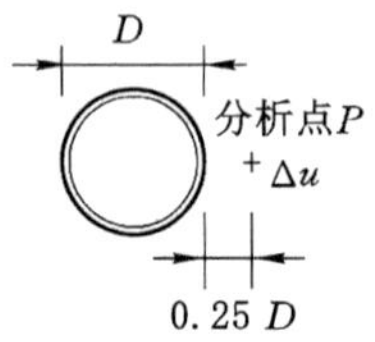

图 2-18　分析点 P 位置示意图

2.6.1　开挖面推力的影响

最大超静孔压和地表沉降与开挖面推力之间关系分别如图 2-19 和图 2-20 所示，当开挖面推力减小时，隧道附近最大超静孔压值随之增大，地表沉降值也随之增大。不同推力对开挖面前方测点的应力扰动过程如图 2-21 所示，由图可知，开挖面推力较小时，将使开挖面前方土体的最小主应力(S3)显著减小，即土体所受到的围压减小，这将使开挖面前方土体处于更不利的承载状态，增大对土体的扰动程度，因此增大地表的沉降。

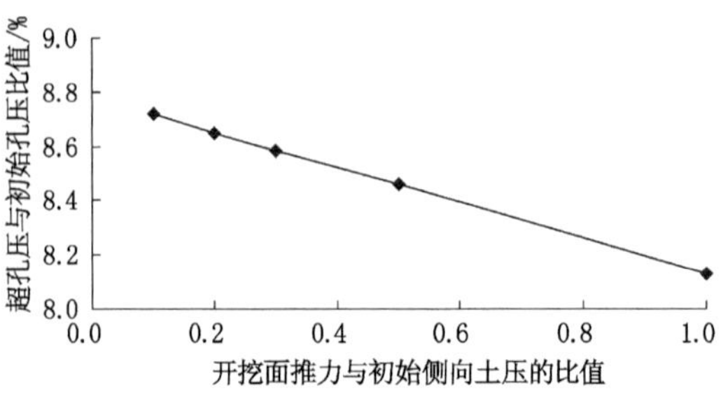

图 2-19　最大超静孔压与开挖面推力之间关系

(D=6 m,C/D=2,K=1E－8)

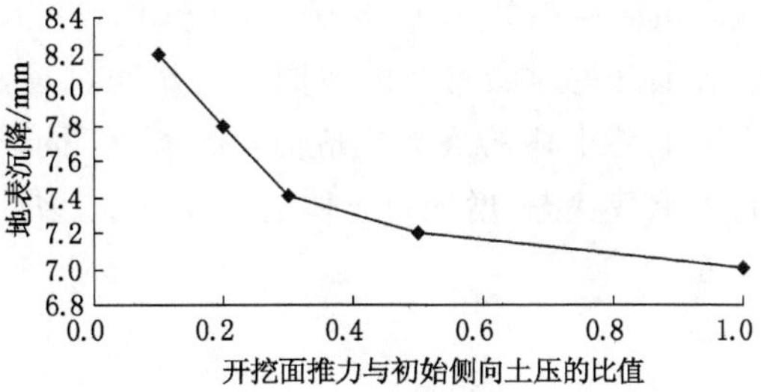

图 2-20 地表沉降与开挖面推力之间关系

（注：横轴由大到小是为了示意推力逐渐减小的过程）

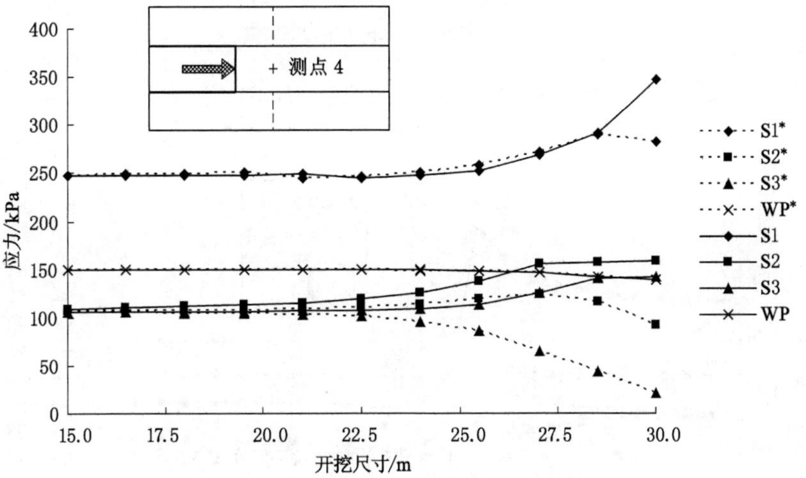

图 2-21 测点 4 在开挖面不同推力时的应力扰动过程

（注：S1*、S2*、S3*、WP*是开挖面推力为 0.5 倍原位土压力时的主应力和孔压计算结果，

S1、S2、S3、WP 是开挖面推力为原位土压力的计算结果）

2.6.2 注浆压力的影响

最大超静孔压与注浆压力的关系曲线如图 2-22 所示，当注浆压力减小时，对应的超

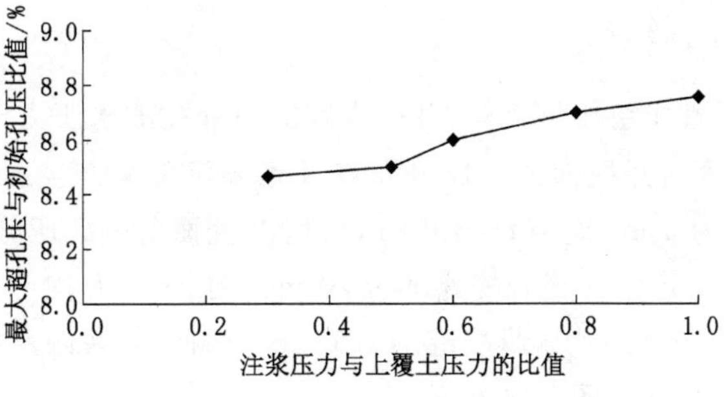

图 2-22 最大超静孔压与注浆压力的关系曲线（$D=6\text{m}, C/D=2, K=1\text{E}-8$）

静孔隙水压随之减小；地表沉降结果如图 2-23 所示，可知地表沉降随注浆压力的减小而减小。不同注浆压力下，隧道开挖对测点 2 的不同应力扰动过程如图 2-24 所示，由图可知，较小的注浆压力使隧道上部土体的最大主应力（S1）增大，同时使最小主应力（S3）减小，从而使土体处于不利的承载状态，增加对土体的扰动程度，因此增大地表沉降。

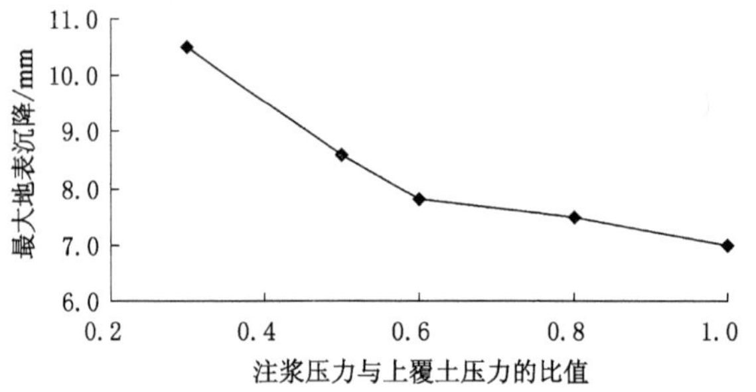

图 2-23　地表沉降与注浆压力的关系曲线（$D=6\mathrm{m}$，$C/D=2$，$K=1\mathrm{E}-8$）

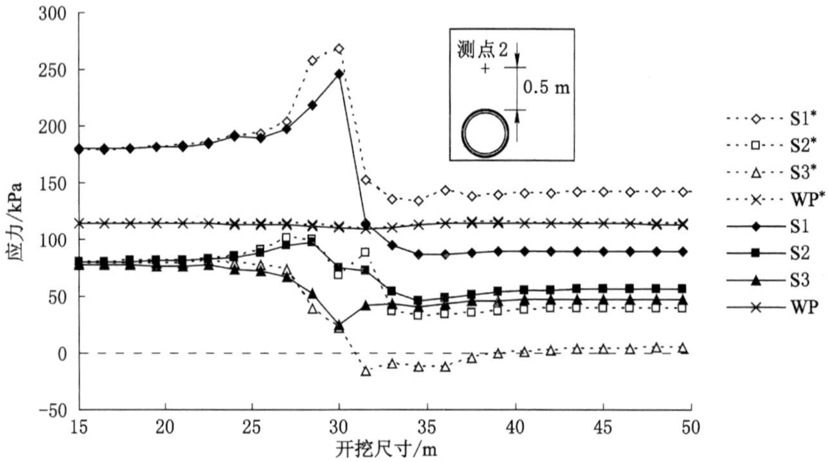

图 2-24　测点 2 在不同注浆压力时的应力扰动过程

（注：S1*、S2*、S3*、WP* 是注浆压力为 0.5 倍上覆土压时的计算结果，S1、S2、S3、WP 是注浆压力为 1 倍上覆土压的计算结果）

2.6.3　开挖速度的影响

当盾构在低渗透性土层中掘进时，开挖导致的超静孔隙水压力消散与开挖速度关系密切，不同的开挖速度对开挖面的孔压分布以及地表沉降会产生影响[129]。当开挖面透水时，开挖速度分别为 5 m/d，10 m/d，15 m/d 时开挖面前方孔压分布结果如图 2-25 所示，地表沉降如图 2-26 所示。当开挖速度为 20 m/s 时，由于开挖造成的孔压影响范围为 6 m，开挖速度为 5 m/s 时的孔压影响范围为 15 m。因此，较快的开挖速度可减小对土体的扰动，从而减小地表沉降（图 2-26）。

在不同土体渗透系数情况下，不同开挖速度对隧道周围孔隙水压力的影响如图 2-27

所示，当渗透系数为 1×10^{-6} m/s 时，盾构掘进速度对超静孔压的大小影响极小（小于1%）；当土体在渗透系数较小的土体中掘进时，开挖速度对超静孔压的影响较为显著。但是同时，开挖速度较快时，开挖面前方的水头梯度也较大（图 2-25），将使作用在隧道开挖面上的渗透力显著增大，因此，改变掘进速度应相应调整开挖面支护力以保证开挖面稳定性[130-132]。

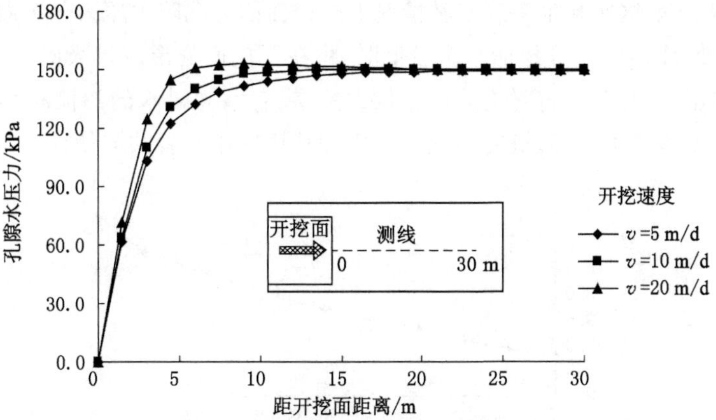

图 2-25　不同开挖速度对开挖面前方孔压分布的影响

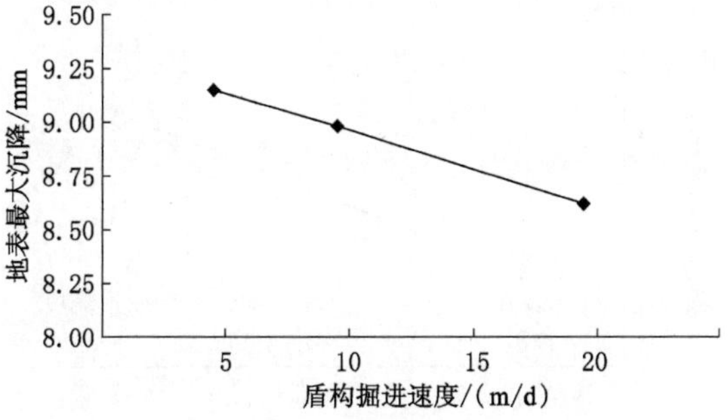

图 2-26　不同开挖速度对地表沉降的影响

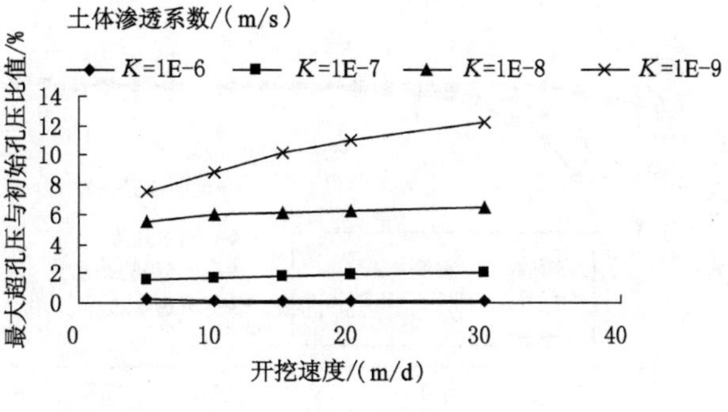

图 2-27　不同开挖速度对最大超静孔压的影响

2.6.4 开挖面水头的影响

不同开挖面水头情况下隧道周围超静孔压结果和地表沉降结果分别如图 2-28 和图 2-29 所示，当开挖面水头降低时，最大超静孔压随之减小，地表沉降随之增大。由于施工方法的不同，将在盾构开挖面上形成不同的渗透边界条件。在开挖面分别为透水边界、不透水边界、0.5 倍初始水头等三种情况下开挖面前方孔隙水压力分布曲线和云图分别如图 2-30 和图 2-31 所示。开挖面水头较低时，将在开挖面处形成较大的水头差，形成较大的水头梯度，根据达西定律，将对土体产生较大的渗透力，同时水的渗流减小了土体当中的孔隙水压力，使土体产生变形，最终渗透力作用和孔压减小两者共同使地表沉降增大。

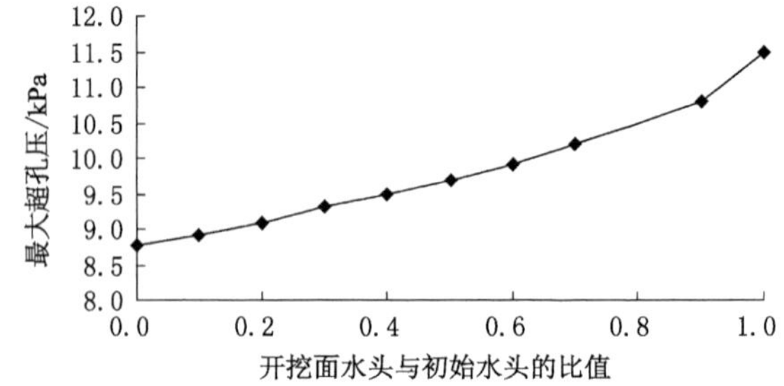

图 2-28　最大超静孔压与开挖面水头的关系曲线

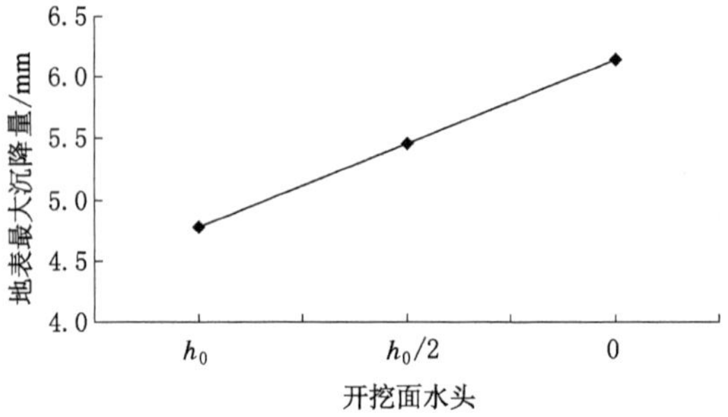

图 2-29　开挖面不同水头时的最大地表沉降对比

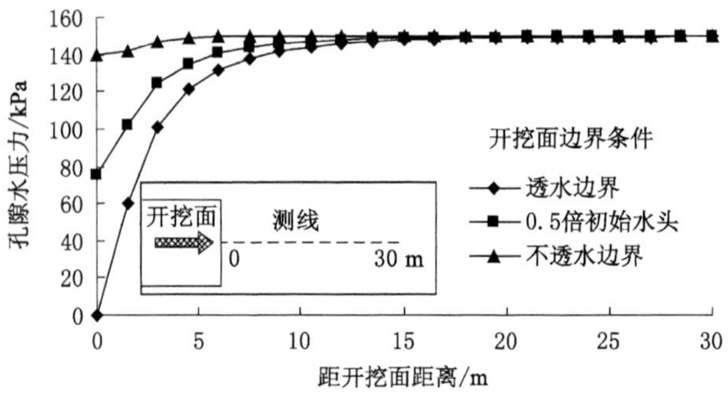

图 2-30　开挖面不同渗透边界条件时前方孔压分布示意图

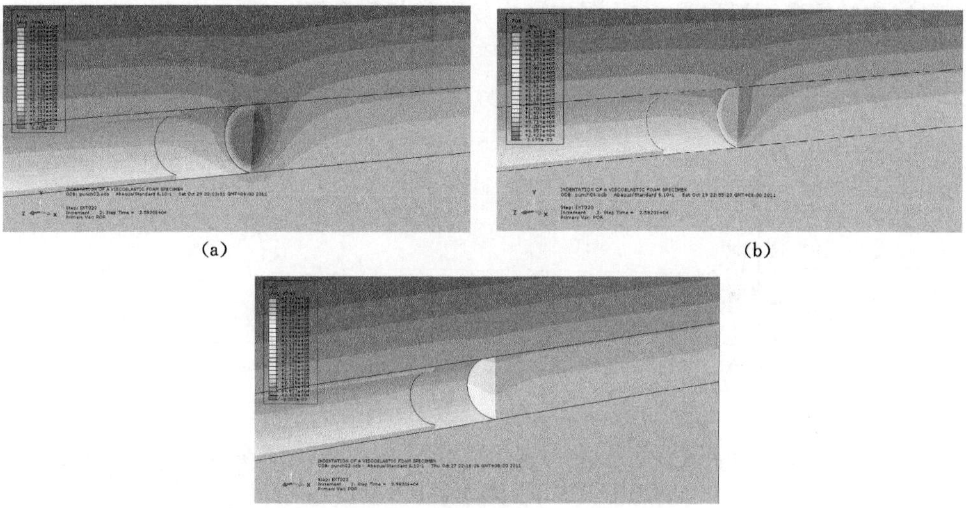

图 2-31　开挖面不同渗透边界条件时孔压分布云图

(a) 开挖面透水(水头为零);(b) 开挖面水头为 0.5 倍初始孔压;(c) 开挖面不透水

2.6.5　隧道埋深的影响

不同埋深情况下,孔压变化值计算结果如图 2-32 所示。随着埋深的增大,超静孔压随之增大。在渗透系数较低的土层中,超静孔压的增大值较大,可见渗透系数对于超静孔压具有显著影响。

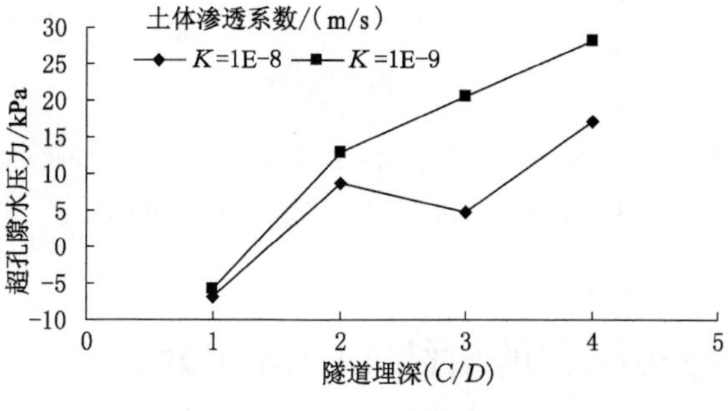

图 2-32　不同埋深情况下最大超静孔压计算结果

2.6.6　土体渗透系数的影响

由于不同的地质环境,盾构施工所处土体的渗透系数变化范围较大,因此,渗透系数的影响需进行分析。不同土体渗透系数情况下隧道周围超静孔压计算结果如图 2-33 和图 2-34 所示,土体渗透系数减小时,超静孔压值显著增大。当土体渗透系数为 1×10^{-9} m/s 时,所产生的最大超静孔压为 82.0 kPa,远大于渗透系数为 1×10^{-8} m/s 时的计算结果。盾构在低渗透性土层中施工时,由于应力扰动产生的超静孔压未能快速消散,因此随着盾构的掘进不断积累，在土层中产生较大的超静孔压。

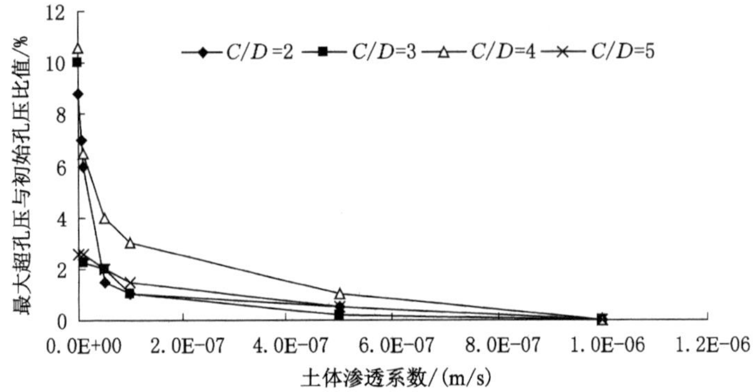

图 2-33　不同土体渗透系数情况下超静孔压计算结果

（图中 C/D 表示埋深与直径的比值）

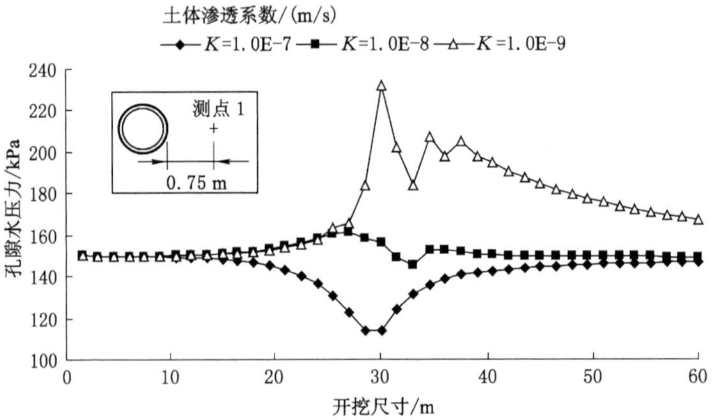

图 2-34　不同土体渗透系数下测点 1 孔隙水压力变化过程

（开挖面水头 $h_c=0$，渗透系数单位：m/s）

2.7　计算结果与实测和解析结果的对比分析

2.7.1　孔压变化值计算结果的公式拟合

针对数值计算结果，采用量纲分析法，可在不进行理论分析的前提下得到超静孔压的统计表达式。本书采用式(2-10)的线性函数进行多元拟合。经过计算得到各系数的取值如式(2-11)所示，此公式计算得到的超静孔压的误差范围为±30%。

$$\frac{\Delta u}{u_0}=k_1\frac{C}{D}+k_2\frac{K}{v}-k_3\frac{\sigma_{\mathrm{T}}}{\gamma(C+D/2)}+k_4\frac{\sigma_{\mathrm{P}}}{\gamma(C+D/2)}+k_5\frac{h_C}{\gamma_{水}(C+D/2)} \tag{2-10}$$

$$\frac{\Delta u}{u_0}=0.0012\frac{C}{D}+4850000\frac{K}{v}-0.0017\frac{\sigma_T}{\gamma(C+D/2)}+0.13\frac{\sigma_P}{\gamma(C+D/2)}+0.0065\frac{h_C}{\gamma_水(C+D/2)} \tag{2-11}$$

式中，Δu 为距隧道水平距离为 $0.25D$ 处的超静孔隙水压力；u_0 为距隧道水平距离为 $0.25D$ 处的原位初始孔压；D 为隧道直径；C 为隧道埋深；K 为土体渗透系数；σ_T 为开挖面推力；σ_P 为注浆压力；h_C 为开挖面水头；v 为开挖速度；γ 为土体重度；$\gamma_水$ 为水的重度。

2.7.2　计算值与工程实测结果的对比

为验证公式(2-11)的合理性，特选取相关文献中的现场监测数据进行计算对比，计算结果如图 2-35 所示。图中显示，数值计算结果与现场监测结果基本吻合，说明采用三维流固耦合有限元计算得到的式(2-11)可合理用于超静孔压的预测。实际工程中的地层为分层地层，在本书的计算中，为简化将土体理想化为均质土层，因此得到的超静孔压值与实际存在一定差别。

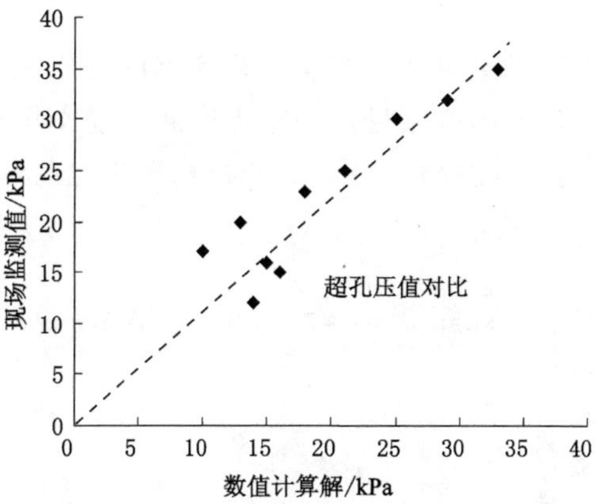

图 2-35　最大超静孔压数值计算解与现场监测数据对比曲线

2.7.3　与解析解的对比

肖立、张庆贺和朱继文等[55]针对盾构施工产生的超静孔压进行了解析计算，推导了超静孔压力的计算公式。将本书的数值计算结果与其进行对比，得到不同工程情况下解析解与数值解的对比曲线如图 2-36 所示。由结果可知，解析解得到的超静孔压值比数值解大。解析解由于采用平面问题进行分析[55,133]，同时未考虑土体与孔隙水的流固耦合作用，因此得到的结果比数值解大。

本书提出的数值计算模型，不仅可考虑开挖面推力、注浆压力等施工参数的影响，并且综合考虑了盾构隧道的施工过程，与实际情况更相符；同时，本计算模型考虑了施工过程中的流固耦合作用，即隧道掘进伴随着超静孔压的消散过程，在不同土体渗透系数情况下，得到的超静孔压有显著区别，这也是目前解析解未能得到的结果。因此三维流固耦合数值计算可更合理用于盾构隧道对周围土体孔压扰动的分析。

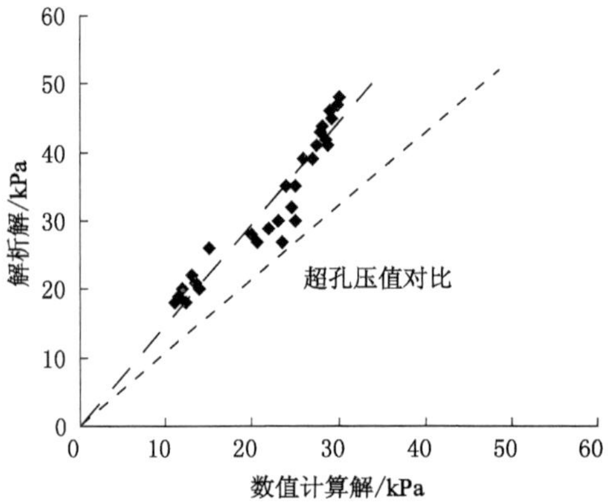

图 2-36　最大超静孔压解析解与数值解对比示意图

2.8　孔压变化值与地面沉降之间关系的讨论

盾构隧道在城市中施工时必须严格控制对地表沉降的影响。如何根据孔压监测数据分析盾构施工对地表沉降的影响是目前的难点问题。前文经过数值计算得到了不同参数情况下隧道周围超静孔压的变化大小，为分析孔压变化与地表沉降之间的关系，特提取部分计算结果如图 2-37 所示。

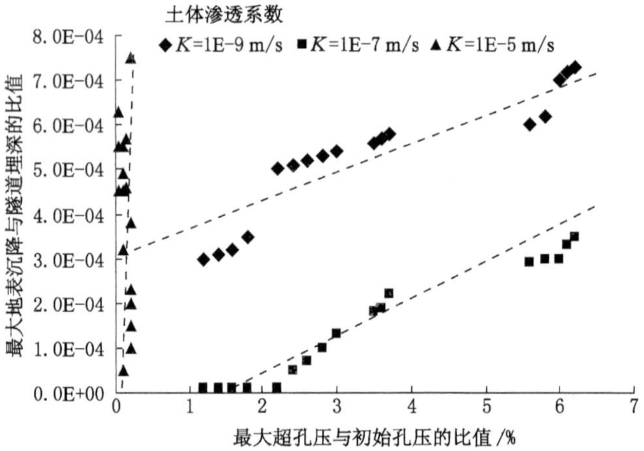

图 2-37　地表沉降与最大超静孔压之间的关系曲线

图 2-37 显示，当土体渗透系数较大时，地表沉降与超静孔压的大小无显著关系；当土体渗透系数较小时，较大的超静孔压对应较大的地表沉降，因此，超静孔压与地表沉降之间具有一定的对应关系。在土体渗透性能较小时，较低的超静孔压说明盾构施工对周围土体的扰动较小，因此可根据超静孔压的大小来分析施工参数的优劣，从而在盾构施工的试验段根据孔压监测数据对施工参数的调整提供依据。

需要指出的是，在土体渗透系数较大时，盾构施工引起的超静孔压很快就消散，监测得到的孔压值未能反映施工参数的影响，因此，在渗透系数较大的砂土地层中，不能利用孔压监测数据分析施工参数的影响。

当土体渗透系数较小时，对于特定的实际工程，当施工参数不同时，将得到不同的地表沉降结果，因此存在一最优的施工参数，可使地表沉降降低至最小值。例如当隧道埋深 $C=2D$，$K=1\times10^{-8}$ m/s 时，不同施工参数得到的地表沉降结果如表 2-6 所示。其中当施工参数为工况 2 时，得到的地表沉降最小，对应的超静孔压值也最小。也就是说根据式(2-10)，可将施工参数进行优化，从而得到最小的超静孔压值，此时对应的地表沉降也最小。理想情况下，若超静孔压值等于零，则此时盾构施工对周围孔压没有扰动，则此时的盾构施工参数为最合理值。但是考虑到实际施工条件的限制，难以达到此理想情况。比如对于盾构施工速度，由于实际盾构机停顿维修等因素的影响，难以提高到很大值。

表 2-6　不同施工参数对应的地表沉降结果($D=6$ m,$C/D=2$,$K=1\times10^{-8}$ m/s)

工况编号	开挖面推力/MN	注浆压力/MPa	开挖面水头/m	开挖速度/(m/s)	地表沉降/mm	超静孔压值/kPa
1	4.15	0.15	15	10	4.2	6.8
2	3.32	0.15	15	15	3.6	5.6
3	2.94	0.15	12	15	4.6	7.8
4	3.32	0.12	12	10	5.0	8.8
5	3.32	0.09	10	10	5.2	9.2
6	2.94	0.12	10	5	5.6	9.6
7	2.94	0.09	10	5	6.2	10.8

因此，在实际施工中，可根据数值计算结果对孔压监测值进行对比分析，以验证是否达到合理的施工参数，由此对现场施工孔压监测数据的分析和施工参数的设置提供依据。在上海虹桥迎宾三路隧道工程试验段的施工过程中(H82 环至 H158 环)，针对图 2-15所示超静孔压实测值，采用本书提出的方法将实测值与计算结果进行对比分析，说明可根据孔压监测数据及时调整施工参数，最终减小地面沉降，如图 2-38 所示。

2.9　本章小结

本章结合上海虹桥迎宾三路隧道工程，针对盾构隧道施工过程进行了三维流固耦合计算，系统分析了盾构施工对周围土体孔隙水压力的影响，并基于 ABAQUS 编制了便于使用的建模、计算辅助分析程序，得到了如下结论：

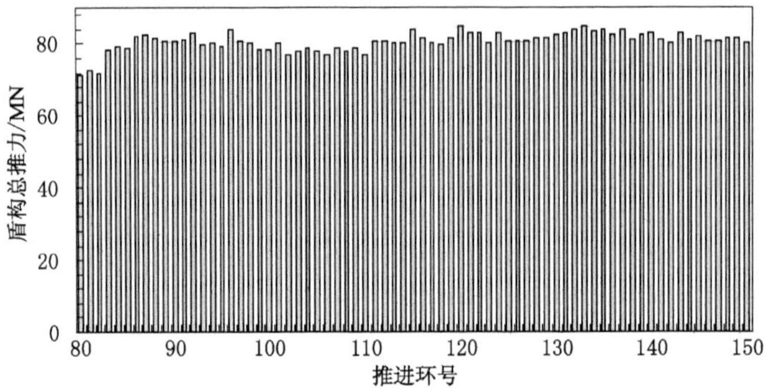

(a)

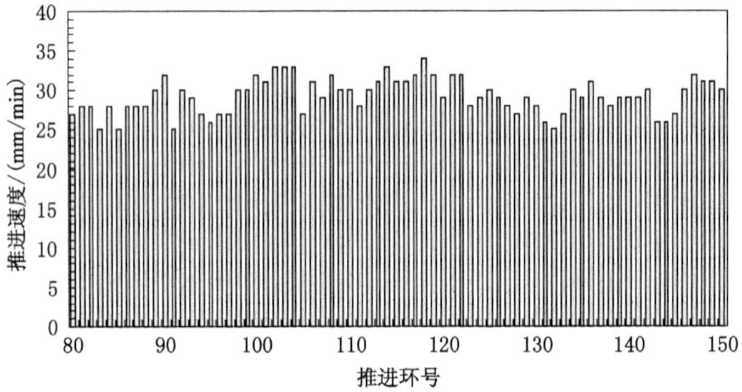

(b)

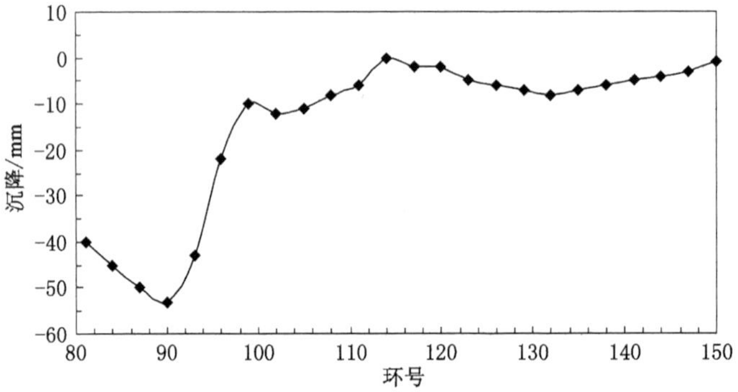

(c)

图 2-38　盾构施工参数调整与地表沉降示意图

(a) 盾构推力;(b) 推进速度;(c) 地表沉降

(1) 建立了考虑盾构施工参数影响的三维流固耦合数值计算模型,并将数值计算结果与上海虹桥迎宾三路隧道工程实测超静孔压结果进行了对比,验证了计算模型的合理性。

(2) 采用所建立的有限元计算模型,系统分析了开挖面推力、注浆压力、开挖速度、开挖面水头、隧道埋深以及土体渗透系数等参数对隧道周围最大超静孔压值的影响,并根据计算结果获得了各种参数影响下的最大超静孔压拟合公式,并将此公式计算结果与现场实测结果和解析解进行了对比,说明三维流固耦合数值计算可更合理用于盾构隧道对周围土体孔压扰动的分析。

(3) 盾构隧道施工在周围土体中产生的最大超静孔压值与地表沉降之间存在对应关系,较大的超静孔压值对应于较大的地表沉降,因此在实际盾构施工过程中,若现场监测最大超静孔压大于数值计算得到的超静孔压值,则需对施工参数进行调整,避免不利的施工参数对周围土体造成过大扰动。

(4) 在上海虹桥迎宾三路隧道工程试验段的施工过程中,监测数据表明可根据孔压监测值及时调整施工参数,最终减小盾构施工造成的地面沉降。

3 地下水对开挖面上方土拱效应影响的实验研究

3.1 概述

前文分析了盾构隧道施工在周围土体中产生超孔压的大小，及其与地表沉降的关系。地下水的存在一方面会使土体产生超孔压，对土体变形产生影响，另外水的存在将对开挖面附近的土体承载结构产生影响，例如开挖面上方的土拱。

盾构隧道施工过程中，由于施工的影响将在开挖面上方产生土拱效应。陈仁朋、李君和陈云敏等[134]在模型实验中监测了开挖面附近的土压力变化，并根据实验结果将开挖面前方土体的变形分为不同分区，包括土拱区、松动破坏区、整体失稳破坏区等，如图 3-1所示。开挖面支护力减小导致开挖面前方土体应力重分布，引起的土拱效应对开挖面稳定性及地表沉降产生重要影响，所以对开挖面上方的土拱效应需进行针对性深入分析。特别当地下水存在时，将会对此土拱效应产生显著影响。对于砂土地层，地下水的存在一方面由于浮力的作用降低了砂土的重量，另一方面由于水的存在改变了砂土的内摩擦角，由此将对开挖面上方的土拱产生影响，进而影响开挖面最小支护力的大小。

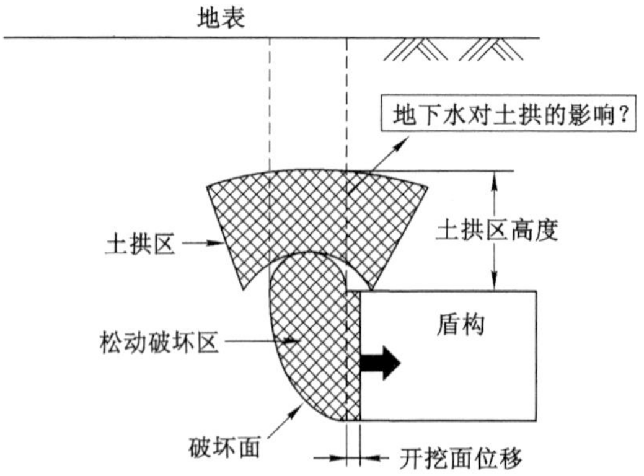

图 3-1 开挖面失稳变形分区示意图

本章针对地下水对开挖面上方土拱效应的影响，进行干砂和饱和砂的对比模型试验。对比分析干砂和饱和砂情况下土拱形成过程、土拱发展高度等方面的区别。并根据试验结果，结合楔形体模型分析地下水对开挖面最小推力的影响。

3.2 试验设计

3.2.1 试验系统

针对干砂情况下土拱对开挖面所需最小支护力的影响，Kirsch[25]设计了如图 3-2 所示的试验装置，在常重力情况下进行了模型试验，Aklik 和 Wu[24]采用离心机进行了模型试验，陈仁朋、李君和陈云敏等[134]采用直径为 1 m 的盾构模型进行了常重力下大尺寸模型试验研究。本书主要分析地下水对开挖面上方土拱效应的影响，因此参考 Kirsch 的方法本书设计了如图 3-3 所示试验系统，在常重力情况下进行模型试验。试验系统由玻璃

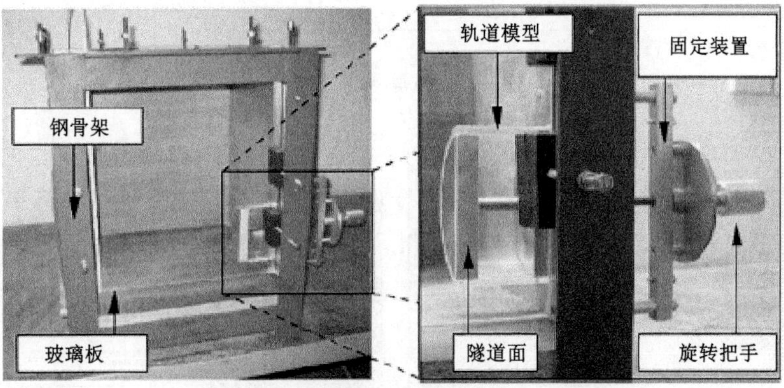

(a)

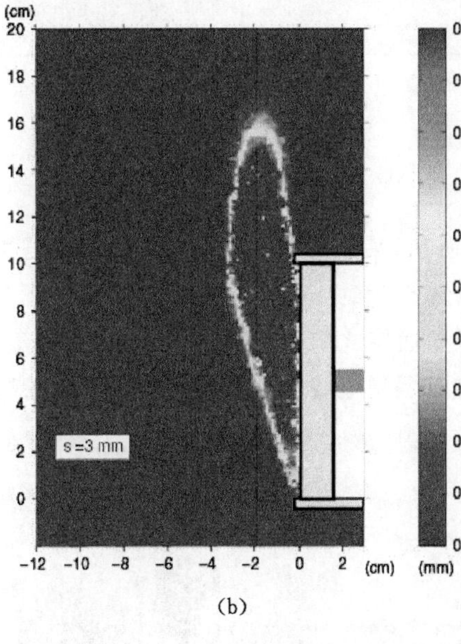

(b)

图 3-2 Gregor Idinger 所设计的干砂开挖面稳定性模型试验装置和分析结果

(a) 试验装置；(b) 试验分析结果

模型槽、隧道装置以及照相系统组成，通过透明的玻璃模型槽对隧道装置附近砂土进行照相，进而通过数字照相量测软件[135]分析开挖面前方砂土位移，最终分析土拱高度变化规律，如图 3-4 所示[137]。

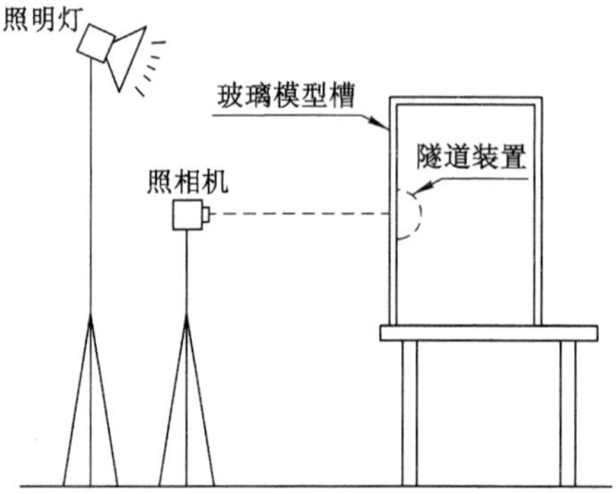

图 3-3　试验系统示意图

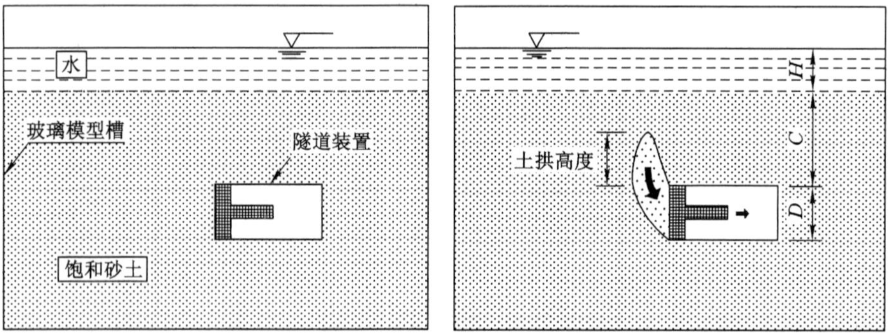

(a)　　(b)

图 3-4　模型试验示意图

(a) 初始状态；(b) 开挖面发生位移后

玻璃模型槽如图 3-5 所示，采用透明玻璃制作，可用数码相机对砂土进行照相。模型槽尺寸为 1 000 mm×800 mm×400 mm。隧道模拟装置如图 3-6 所示，通过连接于开挖面的联动细钢丝绳，可拉动开挖面使之产生可控制的位移。隧道直径为 8 cm，几何相似比为 1/75，由此模拟 6 m 直径隧道。隧道装置放入玻璃模型槽中的试验照片如图 3-7 所示。

图 3-5　玻璃模型槽示意图

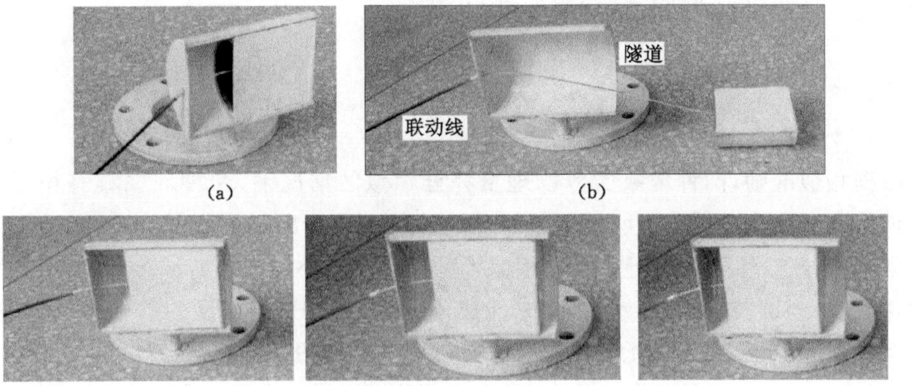

(c)

图 3-6　隧道装置示意图

(a) 整体；(b) 分离；(c) 开挖面位移过程

图 3-7　模型试验照片拍摄图

需要说明的是，本书所设计实验系统对实际盾构施工过程进行了较大简化，未考虑复杂的盾构推进过程、刀盘旋转、注浆过程以及复杂地质情况等因素的影响。同时，对下述内容也做出了简化：

① 在隧道装置中，通过拉动联动线使开挖面向后移动，从而使开挖面前方砂土产生变形，由此模拟盾构推力减小时前方土体的变形过程。这与实际盾构开挖面情况有一定区别，实际工程中的开挖面推力是可控制的，而开挖面位移随开挖面推力而变化。由于本书主要分析开挖面上方土拱的形成过程，因此可采用控制开挖面位移的方法进行试验。

② 本书考虑地下水的影响为静水压力的影响，未考虑地下水向开挖面中渗流的影响；隧道装置与外界不密封，即在试验过程中隧道装置中充满水，如此则开挖面处水头始终为初始水头，因此相当于开挖面不透水情况，也就是说，本实验是在不排水条件下的开挖实验。如此可模拟砂土在有地下水情况下开挖面支护力减小时土层的变形情况。

本书主要针对地下水对开挖面上方土拱效应进行实验分析，因此作出如上简化是合理的。同时，本书设计的实验系统制作简单，便于操作，设备成本较低，在针对盾构隧道开挖面稳定性的研究中可发挥重要作用。

3.2.2 砂土力学参数

(1) 砂土粒径

根据相似准则,两种现象的各物理量完全相似的情况下,两种现象具有相似性。根据相似准则的约束,对于黏性土相似模型试验,仅能采用离心模型试验进行。对于砂土,可在常重力(1 g)环境下进行小尺寸相似模型试验。在小尺寸模型试验中,原型的尺寸被成比例缩小,但试验所用的砂土颗粒未能成比例缩小,常采用原型的砂土进行模型试验,因此需考虑砂土尺寸效应的影响。根据文献[25]的分析,将砂土粒径控制在一定范围内,即可减小砂土尺寸效应的影响,据此本书模型试验选用的砂土粒径为 0.2~0.5 mm、0.5~1.0 mm、1.0~2.0 mm、2.0~5.0 mm 等 4 种。采用此 4 种不同粒径的砂土分别进行试验,从而可对比分析砂土粒径对试验结果的影响。

为剔除取样过程中不慎带入的异常颗粒,在试验前将砂样风干过 0.2 mm 筛。砂土的密度通过一固定高度的漏斗向下落砂进行控制,漏斗的高度设置为 10 cm,每次铺设 5 cm 厚的砂土层。砂子向漏斗中放置时避免冲击能量,从而使落入试验箱的砂子保持相同密度。铺设完成后不同粒径的砂土模型照片如图 3-8 所示。

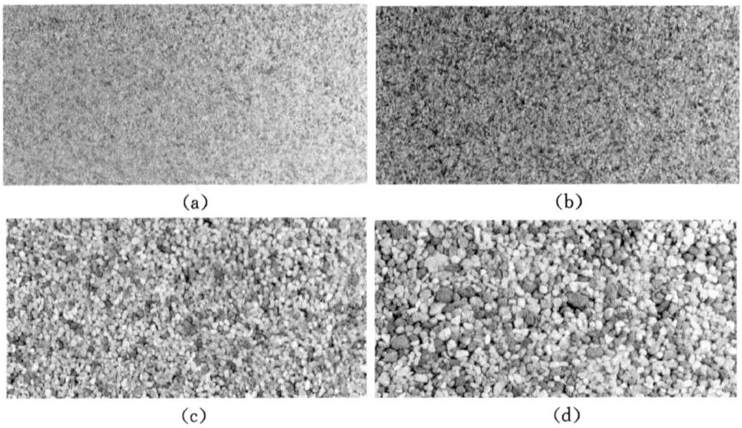

图 3-8 不同砂土粒径时的模型试验照片

(a) 0.1~0.5 mm;(b) 0.5~1.0 mm

(c) 1.0~2.0 mm;(d) 2.0~5.0 mm

(2) 砂土力学参数的测量

砂土密度、孔隙比和内摩擦角的测量结果如表 3-1 所示。其中砂土的内聚力采用直剪仪进行测量,预先在剪切盒里铺上薄膜,以防止其漏水。在做饱和砂模型实验时,预先将玻璃槽中注入水,然后将砂子分三层缓慢撒入玻璃槽中,每层砂铺设之后静置 6 h,已使砂粒之间的残留气泡得以排出,从而得到饱和砂土,避免非饱和砂土假黏聚力对实验结果的影响。

表 3-1 砂土力学参数表

砂土粒径/mm	干砂密度/(g/cm³)	孔隙比	内摩擦角/(°)	
			干砂	饱和砂
0.2～0.5	1.476	0.777	31	28
0.5～1	1.468	0.717	33	32
1～2	1.521	0.685	36	33
2～5	1.510	0.681	37	34

(3) 渗透系数测量

不同粒径的砂土具有不同的渗透系数，本书采用常水头法进行渗透系数的测定，测量结果如表 3-2 所示。

表 3-2 砂土渗透系数测定结果

砂土粒径范围/mm	0.2～0.5	0.5～1.0	1.0～2.0	2.0～5.0
渗透系数/(m/s)	1.3×10^{-6}	6.5×10^{-6}	8.9×10^{-5}	1.6×10^{-5}

3.2.3 试验步骤及位移量测方法

(1) 实验步骤

对于开挖面位移，初始的 5 mm 位移，每步位移(Δs)为 0.25 mm，由此可有足够精度来反映开挖面位移发展的过程；对于之后的 5 mm，Δs 为 0.5 mm。由此在试验过程中，开挖面总位移值为 10 mm。每次开挖面位移之后，对开挖面附近砂土进行照相，从而分析开挖面前方砂土的变形发展过程。

(2) 数字照相位移量测方法

本书采用数字照相量测方法对砂土变形进行分析。计划采用数字照相量测技术进行分析，分析砂土的位移场，从而确定滑动面的大小和形状。

基于数字照相的变形量测法分析流程如图 3-9 所示，主要包括图像采集、图像输入、图像分析、数据输出和数据后处理五大部分[135]。模型试验系统如图 3-10 所示，其中的图像采集系统主要包括高分辨率数码相机、相机安装以及固定框架和照明设备。所分析的实验照片如图 3-11 所示。

在以下的假设情况下，进而可通过得到的位移场计算应变场：① 砂土假设为连续介质；② 假设为小应变情况；③ 在拍照的平面上，变形为平面应变情况。

盾构隧道开挖面的变形破坏过程为三维条件，而本书针对隧道的垂直对称面进行拍照分析，未考虑土体沿垂直与此平面的土体变形。但是，由于对称性，土体沿垂直对称面的变形极小，可以忽略此变形的影响。

砂子颗粒与玻璃之间有一定的摩擦，由此将一定程度上影响砂子的自由位移；在水的存在下，可将此影响降低至最小。同时，本书针对隧道开挖面前方土体的破坏模式进行分析，即主要分析土体的相对位移，而砂子与玻璃之间的摩擦对砂土的相对位移影响较小。因此，在本书的分析中可忽略砂土与玻璃之间摩擦对实验结果的影响。

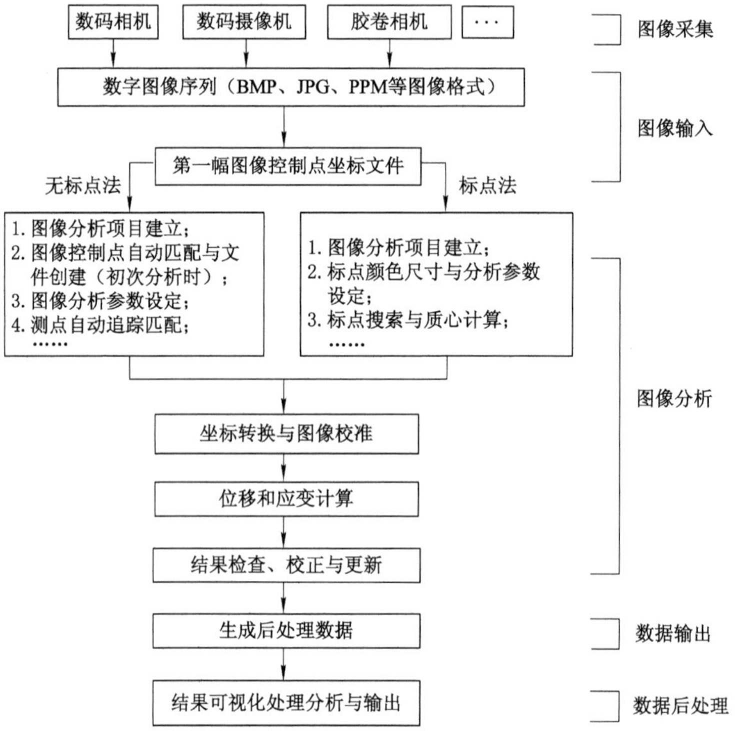

图 3-9　数字照相变形量测图像分析流程图[135]

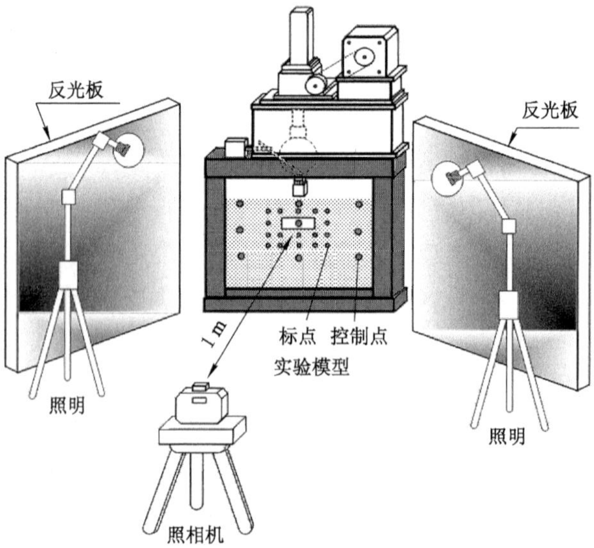

图 3-10　试验系统布置

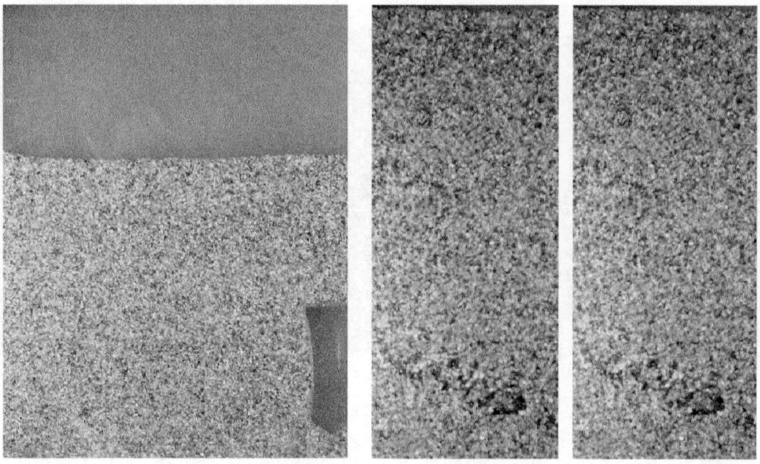

图 3-11 实验分析照片

3.2.4 试验模型分组说明

本模型试验的分组情况为：砂土粒径共分为 0.2～0.5 mm、0.5～1 mm、1～2 mm、2～5 mm 等 4 种，隧道埋深分为 $1D$、$2D$、$3D$ 等 3 种，同时分为干砂试验和饱和砂试验，因此共进行 4×3×2=24 组试验。由此根据试验结果分析砂土粒径、隧道埋深以及地下水对开挖面上方土拱形成过程的影响。

3.3 地下水对开挖面上方土拱效应影响的分析

3.3.1 不同埋深对开挖面发展过程的对比分析

(1) 开挖面前方土体变形过程

当砂土粒径为 1～2 mm，隧道埋深分别为 $1D$ 和 $3D$ 时开挖面前方土体变形随开挖面位移的变化过程如图 3-12 和图 3-13 所示。根据图中所示结果可知，随着开挖面的位移，附近土体逐渐发生变形，开挖面前方逐渐形成一滑动面，开挖面上方逐渐形成承载拱，下文针对此承载拱进行深入分析。

(2) 土拱形成规律分析

根据图 3-12 和图 3-13 所示开挖面前方土体变形发展过程，可将开挖面前方土体变形划分为三个区：松动区、土拱区、滑动区，如图 3-14 所示。其中土拱区边界的判断标准设定为：砂土位移大于 1 mm 和小于 1 mm 的分界线。随着开挖面的变形，土拱区逐渐向上发展，当隧道埋深较浅时($1D$)，土拱发展到地表最终破坏，转化为滑动区；当隧道埋深较深时，土拱发展至一定高度，未形成扩展至地表的滑动面。

根据开挖面上方土拱区的形成过程，可将开挖面前方土体变形过程划分为三个阶段：

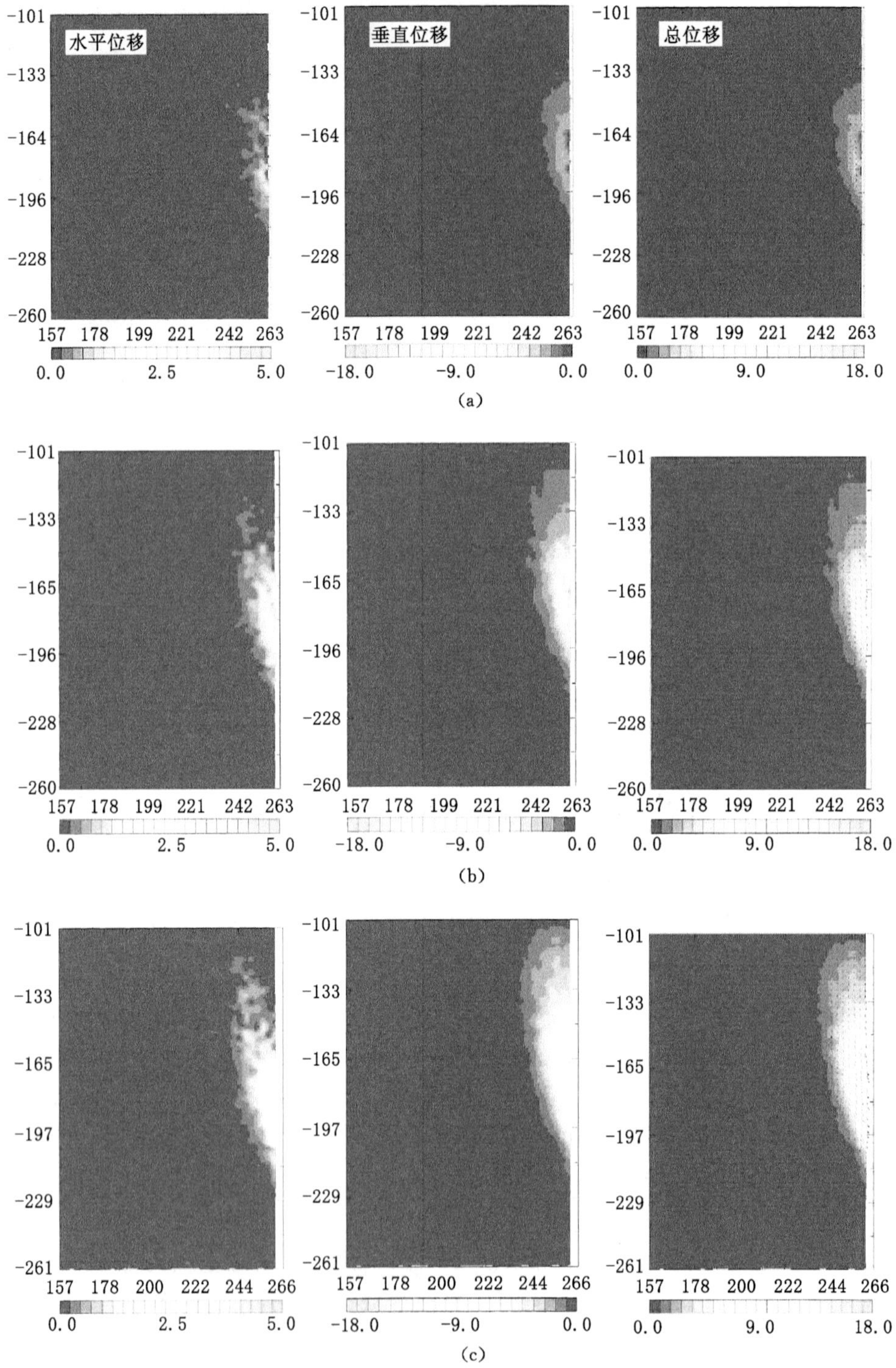

图 3-12 开挖面不同位移时附近土体水平位移、垂直位移和总位移云图

（图中左侧和下侧所示数值为分析区域的坐标值；垂直位移向下为负；隧道埋深为 $1D$）

(a) $s=1.0$ mm;(b) $s=2.0$ mm;(c) $s=4.0$ mm

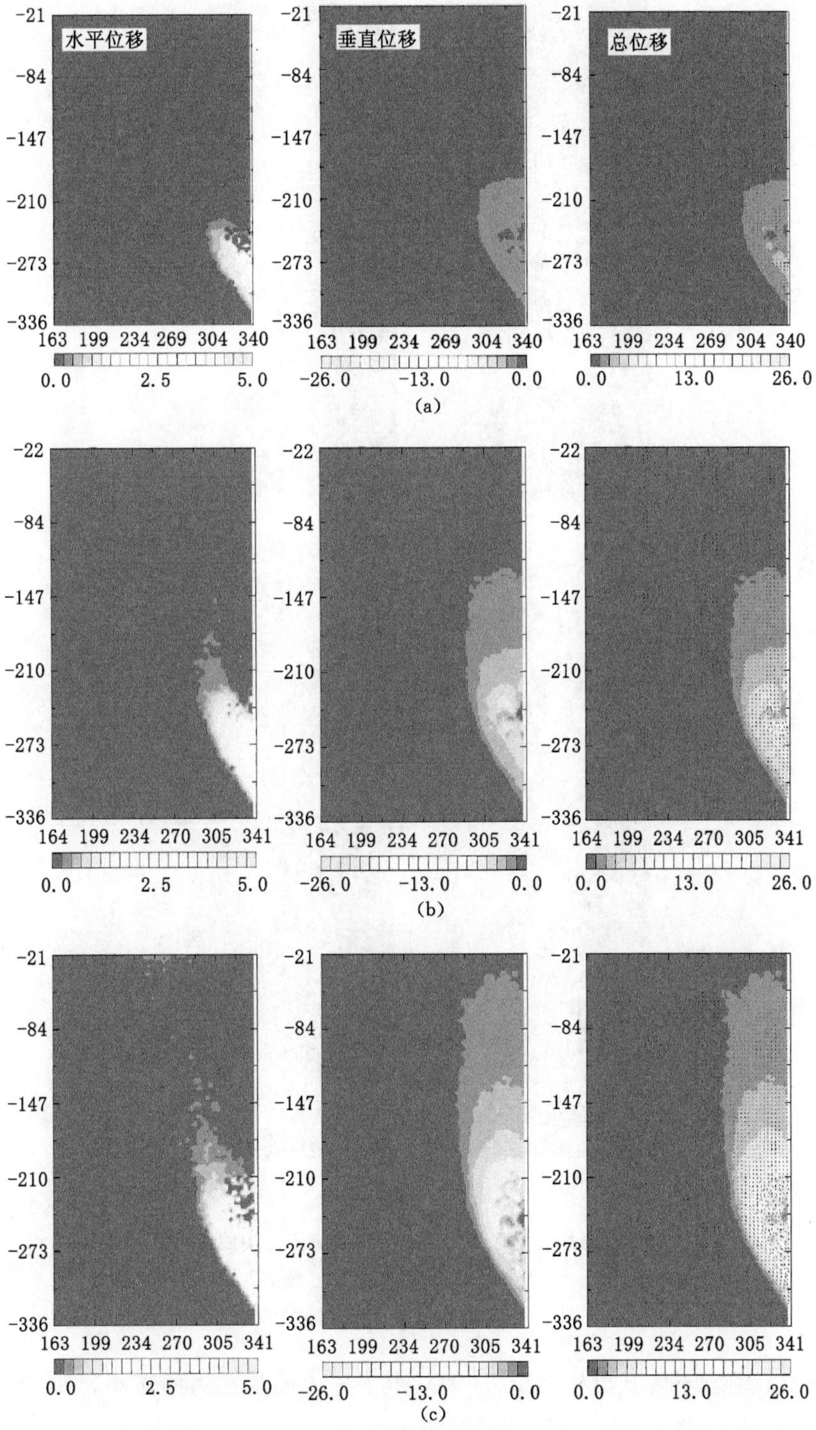

图 3-13 开挖面不同位移时附近土体水平位移、垂直位移和总位移云图(埋深为 3*D*)

(a) s=2.0 mm;(b) s=4.0 mm;(c) s=6.0 mm

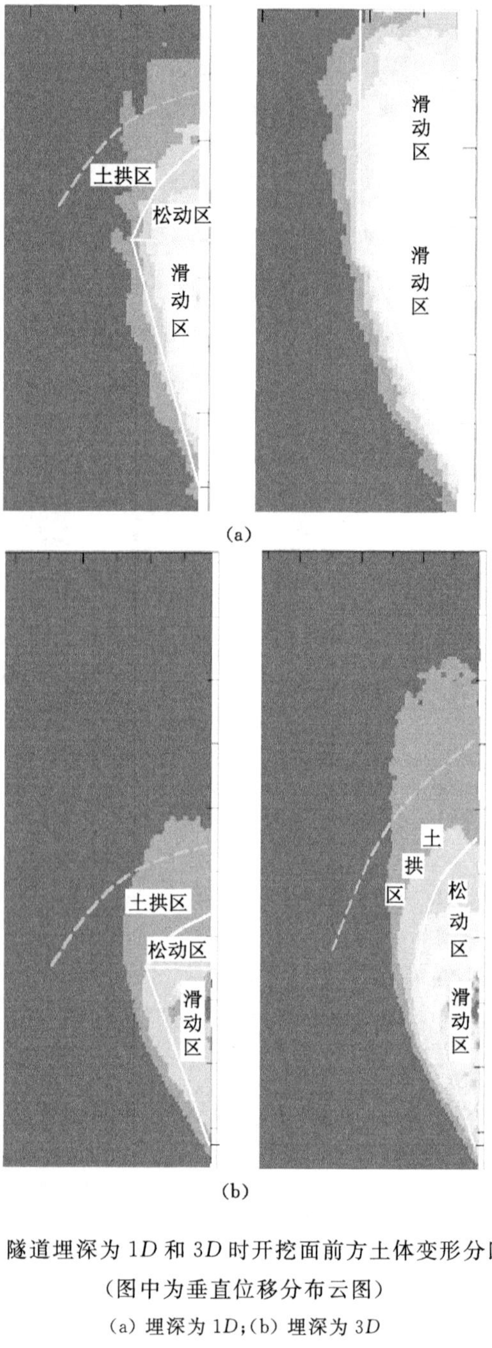

图 3-14　隧道埋深为 1*D* 和 3*D* 时开挖面前方土体变形分区示意图

（图中为垂直位移分布云图）

(a) 埋深为 1*D*；(b) 埋深为 3*D*

① 开挖面前方土体开始松动阶段（Ⅰ）：由于开挖面支护力的减小，使开挖面前方土体开始产生松动，如图 3-12(a)和图 3-13(a)所示。

② 土拱逐渐形成阶段（Ⅱ）：由于开挖面位移的增大，前方滑动面逐渐形成，上方土体产生松动，土拱逐渐形成，如图 3-12(b)和图 3-13(b)所示。

③ 土拱向上发展阶段（Ⅲ）：随着开挖面位移的持续增大，土拱逐渐向上发展，当隧道

埋深较浅时土拱发展至地表最终破坏，形成贯通至地表的滑动面，如图 3-12(c)所示；当隧道埋深较大时，土拱发展至一定高度，如图 3-13(c)所示。

3.3.2 不同砂土粒径时滑动面发展状态的对比分析

不同砂土粒径情况下得到的土体变形情况如图 3-15 和图 3-16 所示，由图可知，当埋深为 1D 时，4 种粒径砂土最终均形成贯通至地表的滑动面，无显著区别。当埋深为 2D 时，土体变形有部分区别，其中粒径为 0.2～0.5 mm 的土拱发展高度较大，粒径为 2～5 mm 砂土的土拱高度最小，也就是说，砂土粒径较大时，开挖面前方土体的成拱能力较强。由此说明砂土粒径对开挖面上方土拱的形成具有一定影响。

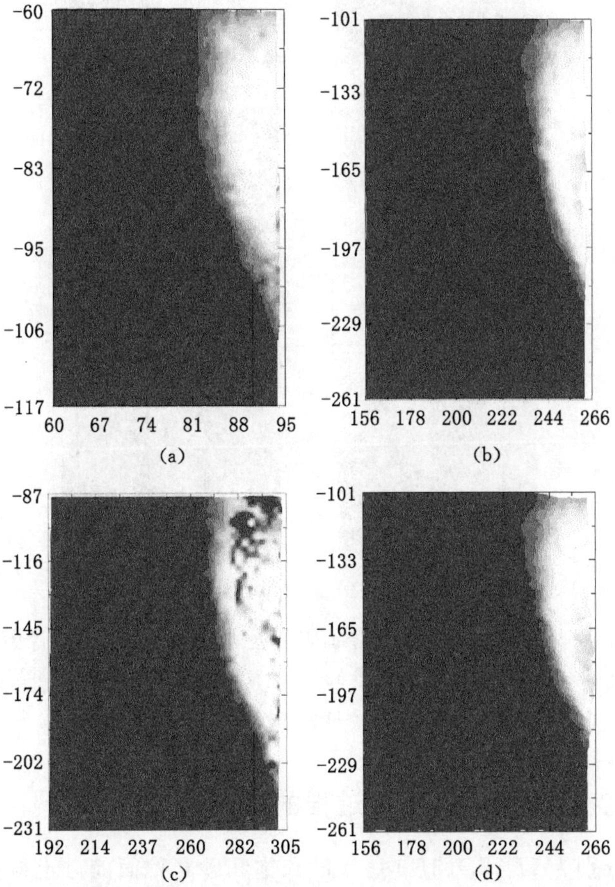

图 3-15 不同砂土粒径时开挖面附近土体垂直位移云图(埋深为 1D)

(a) 粒径 0.2～0.5 mm；(b) 粒径 0.5～1.0 mm；

(c) 粒径 1.0～2.0 mm；(d) 粒径 2.0～5.0 mm

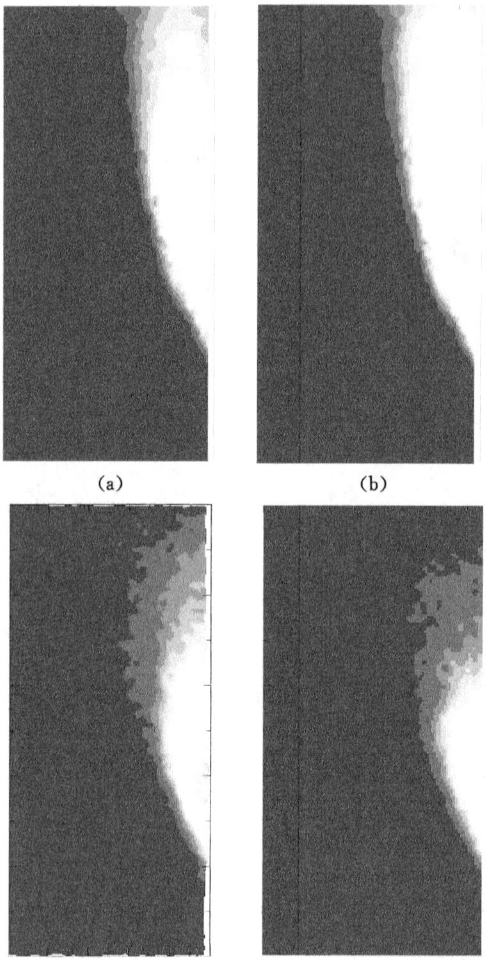

(a) (b) (c) (d)

图 3-16 不同砂土粒径时开挖面附近土体垂直位移云图(埋深为 $2D$)

(a) 粒径 0.2～0.5 mm;(b) 粒径 0.5～1.0 mm;

(c) 粒径 1.0～2.0 mm;(d) 粒径 2.0～5.0 mm

3.3.3 干砂和饱和砂滑动面发展过程的对比分析

当隧道埋深分别为 $1D$、$2D$、$3D$ 时,干砂和饱和砂开挖面前方土体变形过程对比分别如图 3-17、图 3-18 和图 3-19 所示。由图中可知,地下水的存在对开挖面的发展过程具有显著影响。在埋深为 $1D$ 时(图 3-17),当开挖面位移为 3.0 mm 时干砂的滑动面已发展至地表,而饱和砂的滑动面仍未发展至地表,由试验数据可知当开挖面的位移为 3.8 mm 时,饱和砂的滑动面方发展至地表。当隧道埋深为 $2D$ 时(图 3-18),相同开挖面位移情况下,饱和砂滑动面发展的高度明显较干砂要小。当埋深为 $3D$ 时(图 3-19),试验结果显示同样的规律。

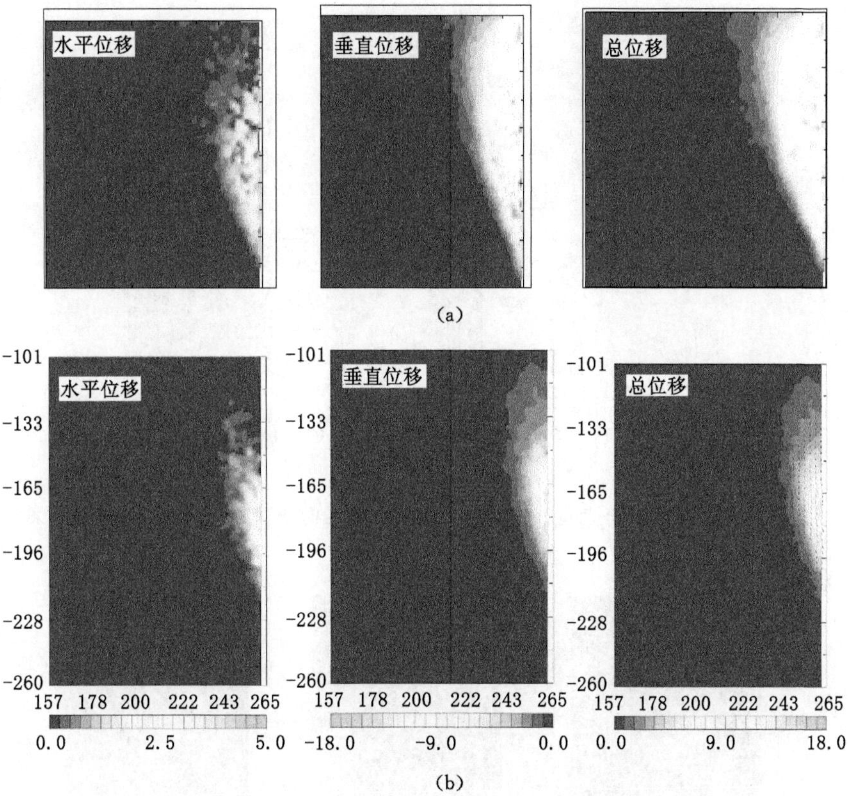

图 3-17 干砂和饱和砂分别在开挖面位移为 3.0 mm 时土体变形对比示意图(埋深为 1D)

(a) 干砂;(b) 饱和砂

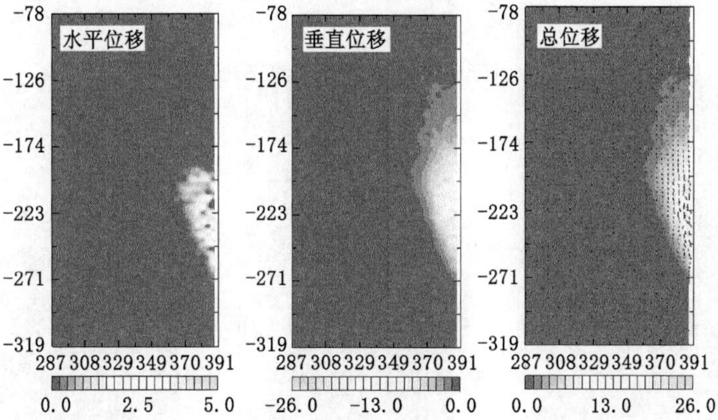

(a)

图 3-18 干砂和饱和砂分别在开挖面位移为 3.0 mm 时土体变形对比示意图(埋深为 2D)

(a) 干砂

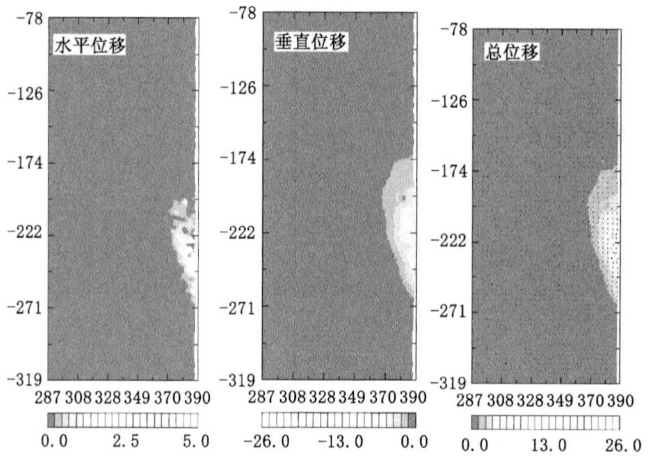

(b)

续图 3-18　干砂和饱和砂分别在开挖面位移为 3.0 mm 时土体变形对比示意图(埋深为 $2D$)

(a) 干砂；(b) 饱和砂

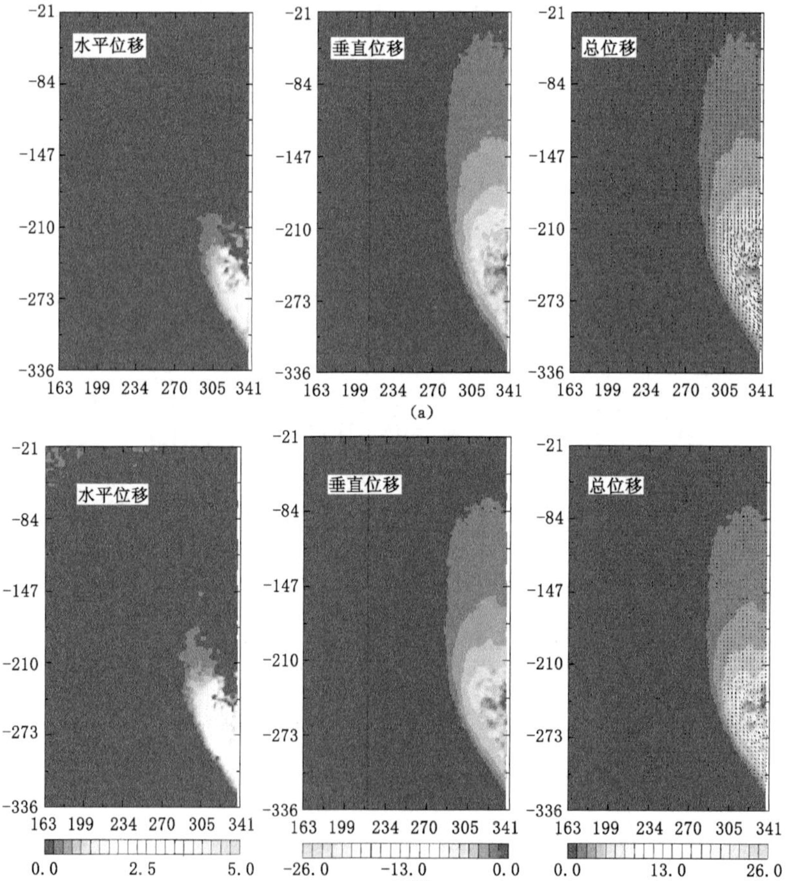

(b)

图 3-19　干砂和饱和砂分别在开挖面位移为 3.0 mm 时土体变形对比示意图(埋深为 $3D$)

(a) 干砂；(b) 饱和砂

土拱效应的产生是因为砂土之间存在相对位移。本书主要分析地下水的存在对开挖面上方土拱高度的影响，因此特简单设定土拱边界的判断标准为：砂土位移大于 1 mm 和小于 1 mm 的分界线，如图 3-20 所示。由此得到不同情况下的土拱高度如表 3-3 所示，表中所谓减小百分比 η 的计算方法如式(3-1)所示：

$$\eta = \frac{h_t - h'_t}{h_t} \tag{3-1}$$

式中，h_t 为开挖面位移为 3 mm 时干砂的土拱高度，h'_t 为开挖面位移为 3 mm 时饱和砂的土拱高度。

因此，根据表 3-3 试验结果可以得知地下水的存在，可减小开挖面上方土拱发展的高度，在相同的开挖面情况下，地下水减小土拱高度的比例为 10%～15%。

需要说明的是，在隧道埋深为 1*D* 时，当开挖面位移为 2 mm 时，土拱已发展至地表，在开挖面位移为 3 mm 时，开挖面前方滑动面已贯通至地表，土拱已被完全破坏，因此表 3-3 中没有埋深为 1*D* 时的土拱高度数据。

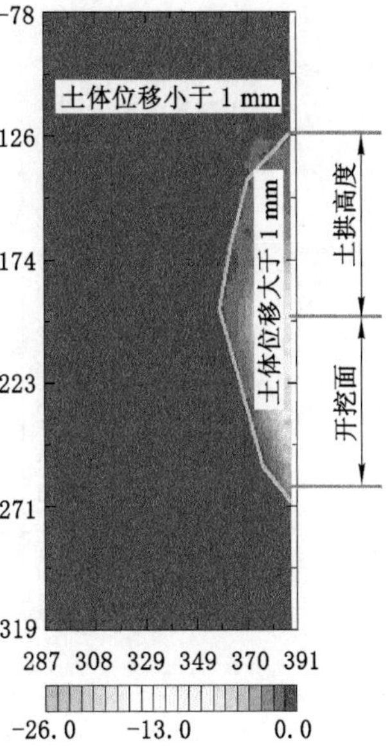

图 3-20 土拱高度取值示意图

表 3-3 不同情况下地下水对土拱高度影响的试验结果

埋深	砂土粒径/mm	土拱高度/mm		土拱高度减小比例/%
		干砂	饱和砂	
1*D*	0.2～0.5	无土拱	无土拱	—
	0.5～1.0	无土拱	无土拱	—
	1.0～2.0	无土拱	无土拱	—
	2.0～5.0	无土拱	无土拱	—
2*D*	0.2～0.5	86.7	76.3	12.0
	0.5～1.0	83.5	73.2	12.3
	1.0～2.0	81.6	69.6	14.7
	2.0～5.0	75.8	67.5	10.9
3*D*	0.2～0.5	117.6	105.6	10.2
	0.5～1.0	106.8	91.2	14.6
	1.0～2.0	102.5	88.5	13.7
	2.0～5.0	98.6	83.9	14.9

说明：本表为开挖面位移为 3 mm 时的结果。

3.3.4 滑动面发展过程与地表沉降关系的讨论

不同埋深情况下，地表沉降随开挖面位移的变化过程如图 3-21 所示。由图可知，当

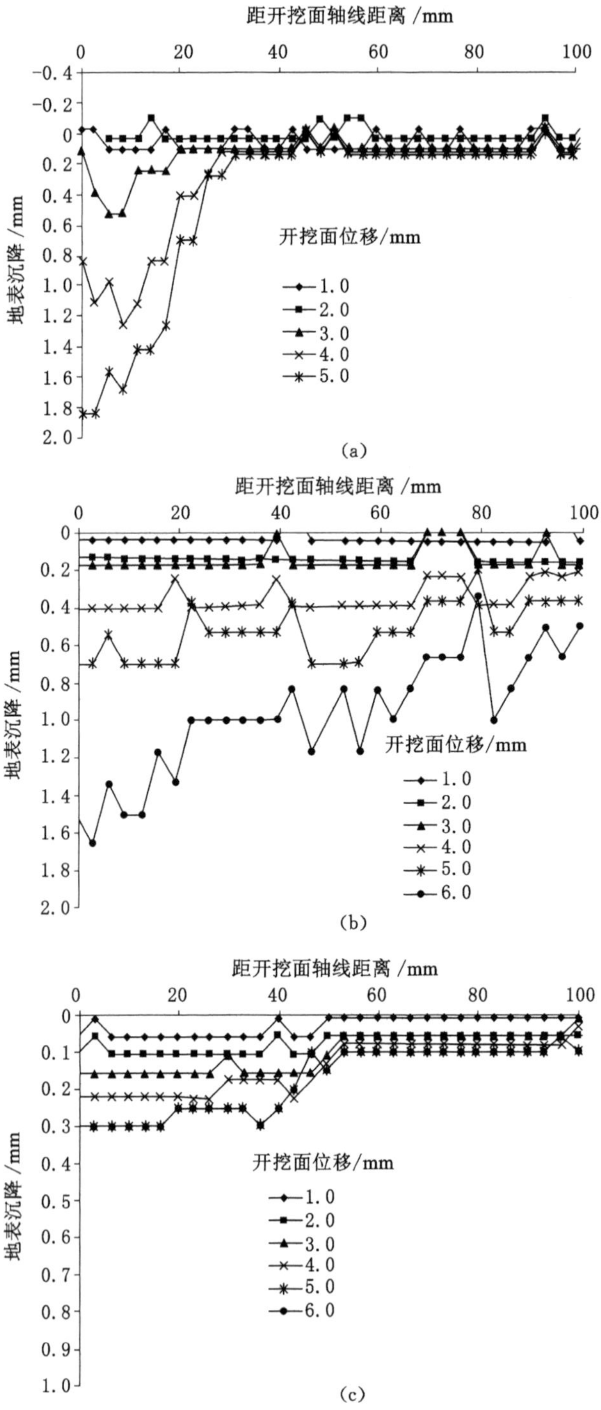

图 3-21　地表沉降随开挖面位移的变化曲线(饱和砂实验结果)

(a) 埋深为 $1D$;(b) 埋深为 $2D$;(c) 埋深为 $3D$

隧道埋深为 1D 时，随着开挖面的位移，在地表开挖面前方逐渐形成沉降槽，沉降值随着开挖面位移逐渐增大，最大沉降值点位于开挖面上方附近。同时可知，埋深为 1D 时地表沉降随开挖面位移发展速度最快，埋深为 2D 时次之，埋深为 3D 时地表沉降发展最慢。这与前文的土拱变化分析结果一致：当埋深为 1D 时，随着开挖面发生位移，开挖面上方土拱很快破坏，形成一贯通至地表的滑动面，从而造成地表发生较大沉降；当隧道埋深为 3D 时，开挖面上方土拱持续发挥作用，未形成贯通至地表的滑动面，从而减小地表沉降。

不同埋深时干砂和饱和砂地表最大沉降发展的对比曲线如图 3-22 所示。在前文的分析中，根据土拱的形成过程将开挖面附近土体的变形划分为三个阶段，由图 3-22 可知，地表沉降的发展过程与其具有对应关系：在阶段Ⅰ，地表沉降较小；在阶段Ⅱ，地表沉降开始增大；在阶段Ⅲ，当隧道埋深为 1D 时，地表沉降大幅增大，当埋深为 3D 时，地表沉降增大值较小。正是由于土拱的不同发展变化规律使地表沉降在不同埋深时显现出不同的变化过程。由图 3-22 同时可以得知，地下水的存在，在相同开挖面位移的情况下，降低了地表沉降值，在埋深为 1D 时减小的幅度最大；这与前文地下水对土拱影响的分析结果一致，即地下水的存在减小了土拱高度，从而更利于土拱效应的发挥，最终减小了地表沉降。

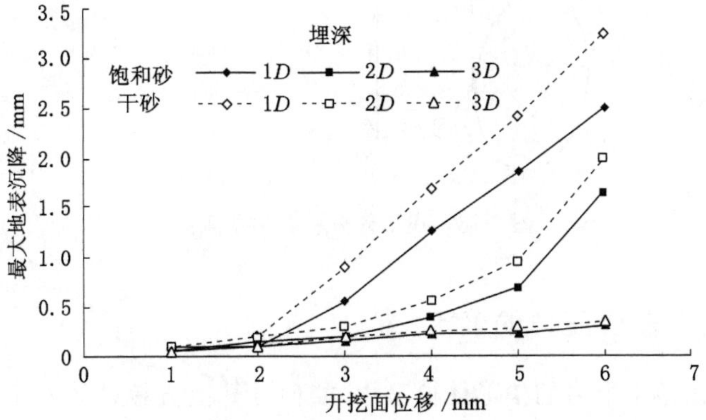

图 3-22　最大地表沉降与开挖面位移的关系曲线

3.4　砂土地层中开挖面最小支护力计算方法的修正

对于开挖面最小支护力的理论研究，最早进行的是塑性极限分析法[137]，但由于塑性极限分析求解比较烦琐，近年来较为简单的楔形体计算模型得到了广泛应用[138]。基于 Janseen 的筒仓理论，Horn 最早提出了三维楔形体模型的概念[14]，它由一个位于掘进面前方的楔形体和掘进面上方的棱柱体两部分组成，如图 3-23 所示。在此基础上，Jancsecz 和 Steiner[14] 假设地层均匀，楔形体上方棱柱体考虑土体的松动土压力，由此计算开挖面的最小支护压力。之后，Anagnostou 和 Kovari[13]、Broere[15] 及 I. M. Lee[10] 考虑了地下水渗流和分层土的影响，对模型进行了改进。

在楔形体计算模型中，在计算上方棱柱体对下方楔形体的压力时，其中需要考虑的一个重要因素是开挖面上方的土拱效应[15]。相关文献的模型试验结果显示，楔形体上方部分土体荷载并未作用在楔形体上，而是由周围土体承担。因此作用在楔形体上的荷载要比上覆土体的总重要小。在计算时常通过棱柱体受到的侧土压力系数的取值来体现土拱效应的影响(图 3-23)，进而体现土拱对开挖面稳定性的积极作用，不同的学者给出了不同的取值方法。Terzaghi[136]假设 K 为一经验常数，建议取值为 1；Aubertin[139]等假设采用朗肯被动土压力系数；Handy[140]分析了土拱区域土体的主应力方向旋转，给出了修正侧压力系数。这些分析均未考虑地下水的存在对开挖面上方土拱效应的影响。

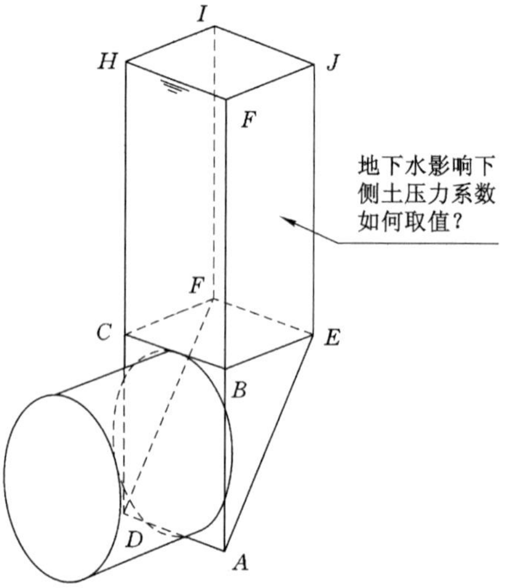

图 3-23　楔形体分析模型示意图

3.4.1　开挖面上覆土压力的确定

在计算开挖面最小推力的楔形体模型中，如何计算上方棱柱体对下方楔形体的土压力是难点问题[134]。其中需要考虑的一关键因素为开挖面上方的土拱效应，而目前对于土拱高度的计算还没有合适的方法。较为常用的分析方法为太沙基松动土压力理论[24]，认为在上部土体当中沿开挖面两侧形成了剪切面，下部土体受到的压力为土体自重减去剪切面上所受到的滑动阻力。太沙基松动土压力理论考虑了隧道尺寸、埋深、土体力学参数等对土体稳定性的影响，因此本书采用太沙基松动土压力理论分析上覆土体的压力[141]。

如图 3-24 所示，在太沙基的分析模型中，在厚度为 d_h 的土体中，上下表面受到的力分别为 $\sigma'_{v,a}$ 和 $\sigma'_{v,a}+d\sigma'_{v,a}$；侧面周围土体对其剪切力为 τ，由此将部分荷载分担至周围土体[6]。

图 3-24 所示分析模型中侧土压力系数 K 的取值，与开挖面上方的土拱效应密切相关。根据文献[22]的研究，在不考虑地下水对土拱效应影响时 K 取值为静止侧土压力系数，即 $K_0=1-\sin\varphi$。

(1) 隧道埋深较浅时

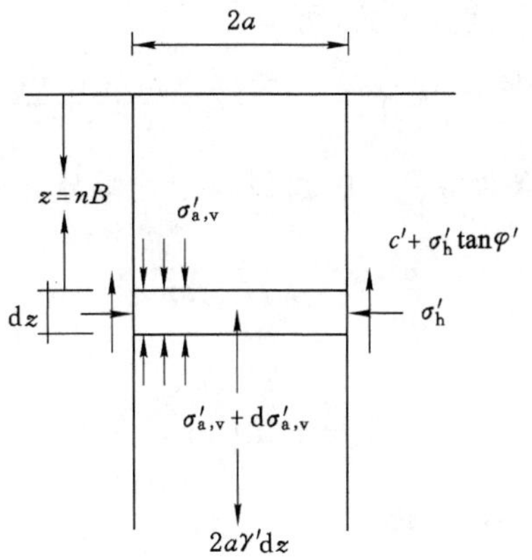

图 3-24　太沙基松动土压力计算模型示意图

根据试验结果，当隧道埋深为 1D 时，开挖面前方滑动面发展到地表，此时开挖面所需要支护的土体为整个滑动面上方的土体，如图 3-25 所示，此时不考虑土拱的影响。直接采用 G. Anagnostou 的楔形体模型进行计算即可，有水和无水时的计算方法相同。

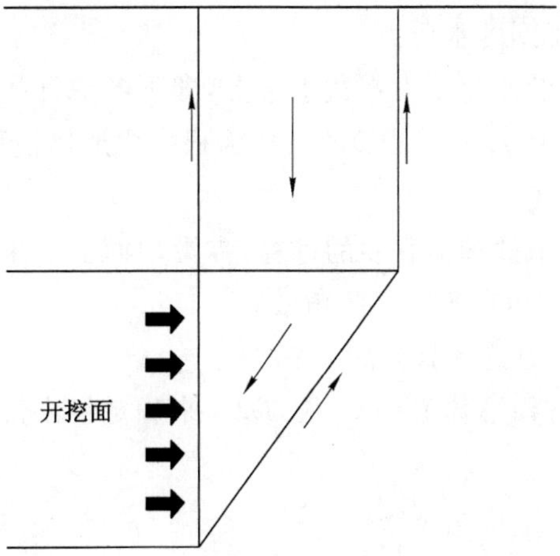

图 3-25　隧道埋深为 1D 时开挖面最小支护力计算示意图

(2) 隧道埋深较大时

根据试验结果，当隧道埋深为 2D 和 3D 时，需考虑开挖面上方的土拱效应。试验结果显示地下水的存在降低了土拱的高度，对保持开挖面稳定及减小地表沉降可产生有利作用。因此，在有水的情况下需对侧土压力系数进行修正，修正系数设为 k_W，则 $k_W>1$，如式(3-2)所示。

$$k_w = \begin{cases} 1 & (C/D \leqslant 1) \\ >1 & (C/D > 1) \end{cases} \tag{3-2}$$

如图 3-24 所示，厚度为 d_h 土条的平衡方程为：

$$2a\sigma'_{v,a} + 2a\gamma dz - 2\tau dz = 2a(\sigma'_{v,a} + d\sigma'_{v,a}) \tag{3-3}$$

式中，$\tau=c'+k_{w}K_{0}\sigma'_{v,a}\tan\varphi'$，代入上式，可得：

$$\frac{d\sigma'_{v,a}}{dz}=\gamma'-\frac{c'+k_{w}K_{0}\sigma'_{v,a}\tan\varphi'}{a} \tag{3-4}$$

根据在 $z=0$ 时的边界条件 $\sigma'_{v,a}=0$，可解得上述微分方程，得：

$$\sigma'_{v,a}=\frac{a\gamma'-c'}{k_{w}K_{0}\tan\varphi'} \tag{3-5}$$

其中土条宽度为：

$$a=R+R\tan\left(45°-\frac{\varphi}{2}\right)$$

式中，R 为隧道半径；φ 为土体内摩擦角。

3.4.2 隧道开挖面最小支护力的计算

(1) 水土分算说明

采用水土分算的方法计算开挖面最小支护力 F，即开挖面所需的支护力分为两部分，对土的有效支护力和水压力，如下式所示：

$$F=P_{w}+P'$$

式中，P_{w} 为开挖面处所受到的水压力。

在本书的分析中，假设开挖面为不透水边界，即不考虑开挖面地下水渗流的影响，因此 P_{w} 为静水压力，即 $P_{w}=\gamma_{w}\times(C+D/2)$；$P'$ 为根据楔形体模型计算出的开挖面所需最小有效支护力，如下文所述。

需要注意的是，对于干砂和饱和砂的计算，在滑动面上需采用不同的计算参数，对于饱和砂需采用其浮重度 γ' 和有效内摩擦角 φ'。

(2) 开挖面最小支护力的计算方法

通过分析滑动面前方楔形体的平衡(图 3-26)来确定极限支护压力，最终可求得极限支护压力，如下所述。

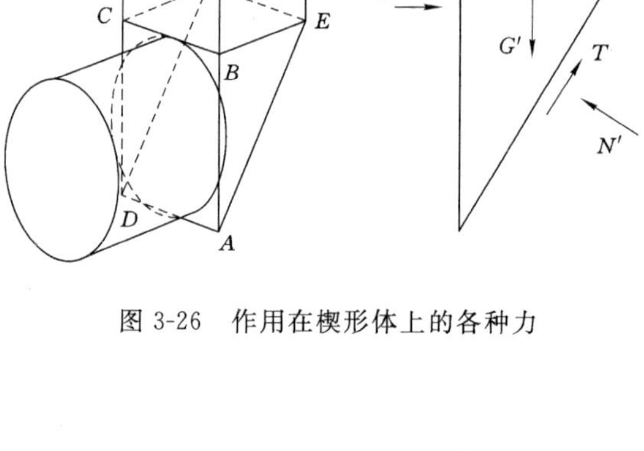

图 3-26 作用在楔形体上的各种力

滑动面上各点的抗剪强度为：

$$\tau = c'/v + \sigma' \tan \varphi'/v \tag{3-6}$$

式中，c'为有效内聚力；φ'为有效内摩擦角；v为安全系数。

楔形体水平力的平衡：

$$2T' \cos \alpha + P + (C + N\tan \varphi)\cos \alpha = N\sin \alpha$$

楔形体竖向力的平衡：

$$P_V + W = (C + N \tan \varphi)\sin \alpha + N\cos \alpha + 2T' \sin \alpha$$

上述两式进行变换中消去 N 得：

$$P_V + W = C\sin \alpha + \frac{2T' \cos \alpha + P' + C\cos \alpha}{\sin \alpha - \tan \varphi \cos \alpha}(\tan \varphi \sin \alpha + \cos \alpha) + 2T' \sin \alpha$$

最终可求解极限有效支护压力 P'计算公式如下：

$$P' = \frac{P_V + W - (C + 2T')(\sin \alpha + \varepsilon\cos \alpha)}{\varepsilon} \tag{3-7}$$

式中，$\varepsilon = \dfrac{\tan \varphi\sin \alpha + \cos \alpha}{\sin \alpha - \tan \alpha\cos \alpha}$；

$$P_V = \left\{\frac{BLr - 2(B+L)C}{2(B+L)K \cdot \tan \varphi}\left[1 - e^{\frac{2(B+L)\cdot K\cdot\tan\varphi}{BL}Z}\right] + P_0 e^{\frac{2(B+L)\cdot K\cdot\tan\varphi}{BL}Z}\right\}BL；$$

$$W = \frac{D^2}{2}\cot\alpha \cdot B \cdot r；$$

$$C = B\frac{D}{\cos \alpha}c；$$

$$T' = D^2\frac{\cot \alpha}{2}(c + k'\sigma'_v \tan \varphi)。$$

因此最终需要的开挖面最小支护力为：

$$F = P_w + P' = P_w + \frac{P_V + W - (C + 2T')(\sin \alpha + \varepsilon\cos \alpha)}{\varepsilon} \tag{3-8}$$

其中 T'的计算需考虑到地下水对开挖面上方土拱的影响。

通过不同楔形体角度 α 的试算即可确定开挖面所需的最小支护力。

3.4.3　干砂和饱和砂最小支护力计算结果对比分析

根据上文得到的方法，计算了不同参数对开挖面最小支护力计算结果的影响，如下所述。

(1) 不同埋深的影响

不同埋深情况下的计算结果如图 3-27 所述。当隧道埋深较浅(1D)时，开挖面前方滑动面滑动到地表，未考虑地下水对土拱效应的影响，同时由于水压力的作用，饱和砂得到的计算结果较干砂要大。当隧道埋深较大时(3D)，由于通过修正系数 K_w 考虑了地下水对开挖面上方土拱效应的影响，减小了饱和砂时需要的最小支护力，因此饱和砂和干砂最小支护力的差值减小。

(2) 修正系数 k_w对计算结果的影响

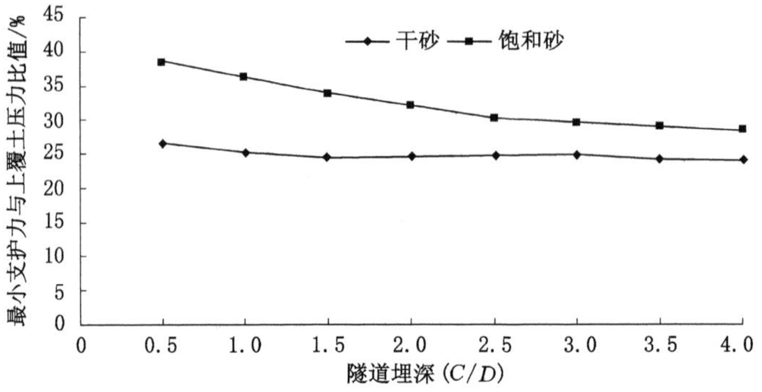

图 3-27　不同埋深情况下开挖面最小支护力计算结果

不同修正系数情况下的计算结果如图 3-28 所示。由图可知,修正系数的取值对开挖面最小支护力的影响显著,当修正系数取值为 2 时,可使最小支护力减小 16.5%。由此说明,地下水的存在降低了最小支护力与上覆土压力的比值,修正系数的物理意义为考虑了地下水对开挖面上方的土拱形成的有利作用,因此在计算开挖面最小支护力时需考虑地下水对土拱效应的影响。

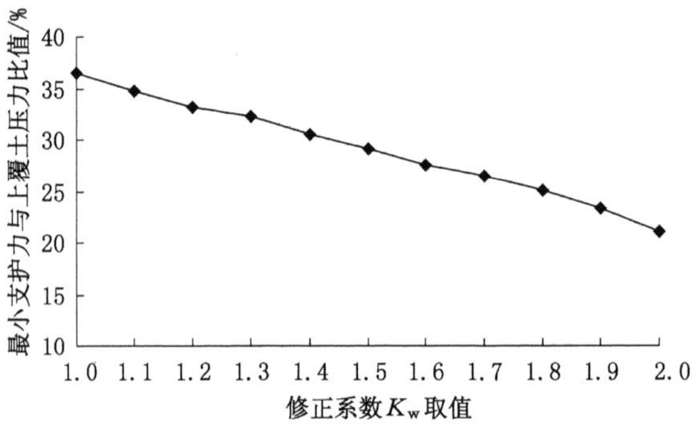

图 3-28　修正系数 K_w取值不同对开挖面最小支护力计算结果的影响($C/D=2$)

(3) 干砂和饱和砂不同内摩擦角取值对计算结果的影响

对于相同的砂土,其在饱和状态时的力学参数与干燥状态的力学参数是不同的,本书模型试验测得的饱和砂内摩擦角比干砂的略小,如表 3-1 所示。为分析此现象对开挖面最小支护力计算结果的影响(图 3-29),特设定饱和砂的内摩擦角与干砂内摩擦角的不同比值(即图 3-30 中横坐标所示饱和砂内摩擦角降低系数),分析此比值对计算结果的影响,计算结果如图 3-30 所示。

计算结果显示,饱和砂的内摩擦角降低可显著增大最小支护力的计算结果,因此,在计算开挖面支护力时需采用饱和砂的力学参数。若仍采用干砂的力学参数进行计算,则会降低开挖面的安全系数。

综合本书分析,可知地下水的存在对开挖面的稳定共有四个方面的影响:① 地下水的存在使砂土颗粒受到浮力作用,相当于使砂土“变轻”,对开挖面稳定有利;② 饱和砂的

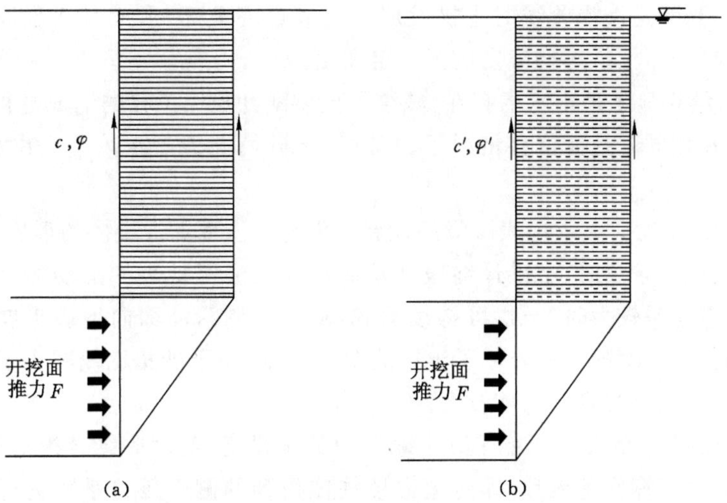

图 3-29　干砂和饱和砂采用不同力学参数计算模型示意图

(a) 无地下水—干砂；(b) 有地下水—饱和砂

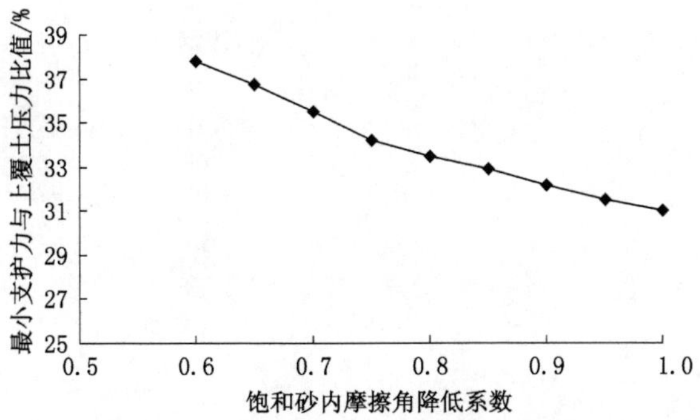

图 3-30　饱和砂内摩擦角降低系数对最小支护力的影响

内摩擦角比干砂小，对开挖面稳定不利；③ 地下水的存在降低了土拱高度，对开挖面稳定有利；④ 有地下水时开挖面支护力需包括水压力(本书实验中为静水压力)，对开挖面稳定不利。在上述四个方面因素综合作用下，地下水的存对于开挖面稳定性的影响，需进一步进行深入研究。

3.5　本章小结

本章针对地下水对盾构隧道开挖面上方土拱效应的影响，进行了干砂和饱和砂的对比模型试验，并结合楔形体模型分析了地下水对开挖面最小支护力的影响，得到了如下结论：

(1) 根据开挖面上方土拱的形成过程，可将土体变形划分为三个阶段：① 开挖面前方土体初始松动阶段；② 开挖面上方土体产生松动，土拱逐渐形成阶段；③ 土拱持续向上发展阶段。当隧道埋深较浅时土拱发展至地表最终破坏，形成贯通至地表的滑动面；当隧道埋深较大时，土拱可持续发展至一定高度。

(2) 试验结果显示地下水的存在，减缓了土拱随开挖面位移的形成过程，减小了土拱的发展高度；在相同开挖面位移情况下，相对于干砂情况地下水减小土拱高度的比例为10％～15％。

(3) 试验结果同时显示地表沉降的发展过程与开挖面上方土拱的形成过程具有对应关系。当隧道埋深较浅时，土拱最终破坏从而形成贯通至地表的滑动面，使地表产生较大沉降；当隧道埋深较大时，土拱可持续承载，从而控制滑动面向地表扩展，最终减小地表沉降。同时，地下水的存在降低了土拱的发展高度，与干砂相比较减小了地表沉降，在埋深较小时降低地表沉降的幅度较大。

(4) 由于地下水的存在降低了砂土地层中的土拱高度，因此结合楔形体模型提出了针对土拱效应的计算修正系数，即对上方棱柱体受到的侧土压力系数进行修正，由此体现地下水对开挖面上方土拱效应的影响。

4　波动推力引起的超静孔压对开挖面稳定性的影响分析

4.1　概述

盾构隧道施工过程对周围土体中的孔隙水压力会产生影响，在开挖面附近将产生超静孔压，此超静孔压对开挖面的稳定性将产生影响，该问题是目前盾构隧道相关研究的难点问题之一。对于盾构施工过程中产生的超静孔压大小，一些学者进行了现场实测和数值计算分析。Chen[35]在杭州地铁一号线的盾构施工过程中进行了现场孔压监测，如图 4-1 所示，得到了在盾构推进过程中对周围土体孔隙水压力的影响过程。本书作者在上海虹桥迎宾三路隧道工程的砂土地层中对盾构施工过程中的超静孔隙水压力进行了监测，得到的监测结果如图 4-2 所示。

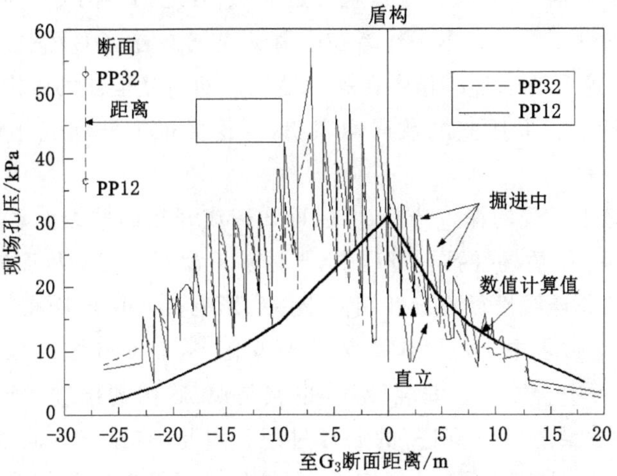

图 4-1　杭州地铁一号线现场孔压监测值[35]和数值计算值

目前在针对盾构隧道施工过程的数值分析中，往往采用三维数值模型进行计算。将数值计算结果与实测结果进行对比，如图 4-1 所示，可以得知两者最主要的区别在于数值计算结果得到的超静孔压变化过程为连续变化的曲线，而实测结果为不断波动的曲线。同时，数值计算结果显示，当在渗透系数较大的砂土地层中，盾构施工产生的超静孔压极小，但现场监测数据显示砂土地层中同样会产生较大的超静孔压（图 4-2），这也是目前盾构隧道数值分析模型难以解释的现象之一，而此超静孔压将对砂土地层的开挖面稳定性产生影响。这些现象均说明目前关于盾构施工过程的数值计算模型与实际盾构施工过程具有较大差别。

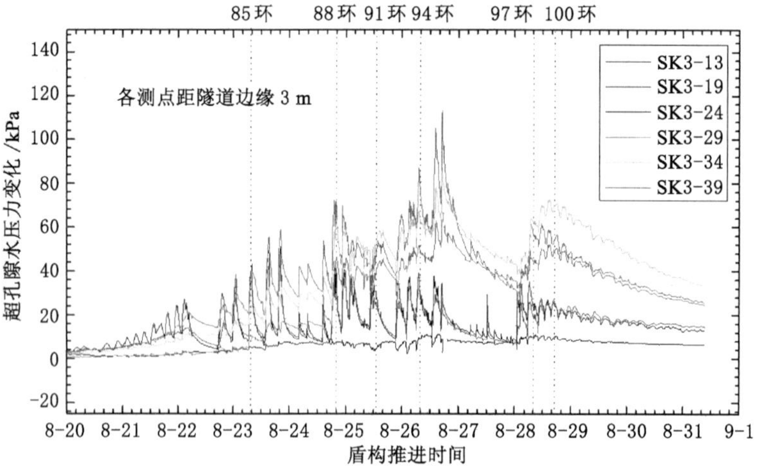

图 4-2　上海虹桥迎宾三路隧道工程砂土地层中超静孔隙水压力监测数据
（图中 SK 为测点编号）

大量现场监测数据表明，盾构隧道施工过程中，开挖面推力是一持续波动变化的力，并不是稳定不变的恒定推力。本书作者在上海迎宾三路隧道工程中，监测到的开挖面土压力变化如图 4-3 所示，文献[8]作者在深圳地铁一期岗夏至富民盾构区间隧道土压力监测数据如图 4-4 所示。上述监测数据均表明，开挖面推力波动变化幅度可达平均值的 20%左右。

经过对盾构施工过程的深入分析，可以得知造成开挖面推力波动变化的影响因素主要包括如下三方面：① 盾构在推进过程中，土体被刀盘不断切割从而进入土仓，因此开挖面推力将受到刀盘非连续性循环旋转切割土体的影响；② 由于实际工程中土层地质条件较为复杂，盾构推进过程中土层力学参数不断变化，从而使开挖面推力发生变化；③ 同时，盾构在施工过程中会停顿以安装管片，也就是说，盾构的推进过程并不是连续过程，而是“掘进—停顿安装管片—掘进”的循环过程。因此，在这三方面因素影响下，开挖面实际受到的推力将不是持续不变的恒定力，而是随时间发生变化的波动力。对于开挖面附近土体，其所受荷载为“加载—产生超静孔压—卸载—超静孔压消散—再加载”的循环过程，所以在开挖面附近超静孔压将表现出显著的波动变化规律。

综上所述，由于盾构机刀盘切割土体的非连续性、地层条件的不断变化以及停盾安装管片等因素的影响，将使开挖面推力大小发生波动，此波动变化的推力将在开挖面前方产生可累积的超静孔压，从而对开挖面稳定性产生影响。因此，本章针对波动推力引起的超静孔压对开挖面稳定性的影响进行分析，从而为盾构施工参数的合理制定提供参

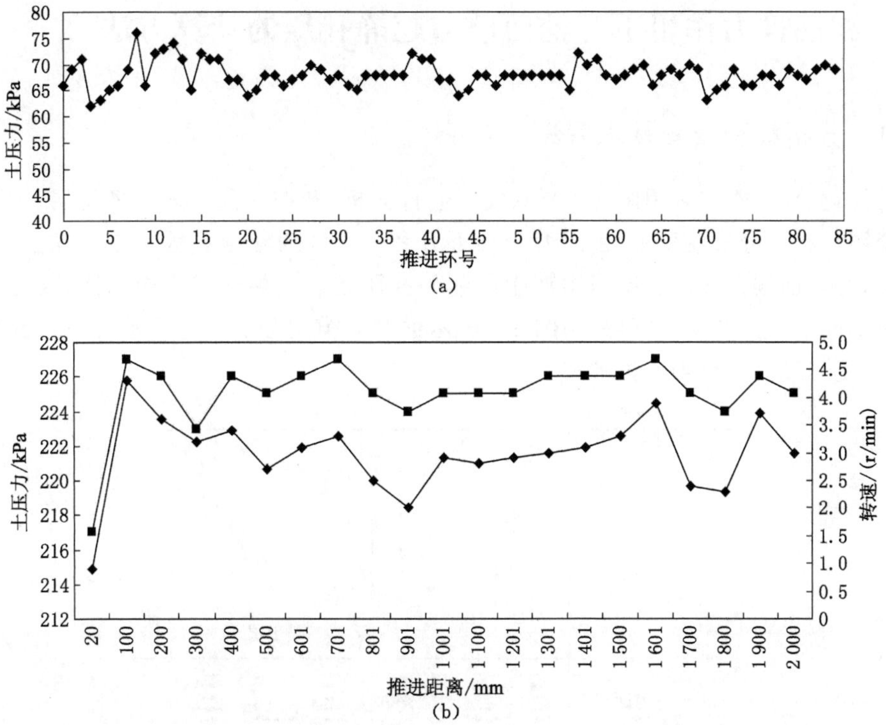

图 4-3 上海虹桥迎宾三路隧道工程盾构开挖土仓压力监测数据

(a) 监测数据一；(b) 监测数据二

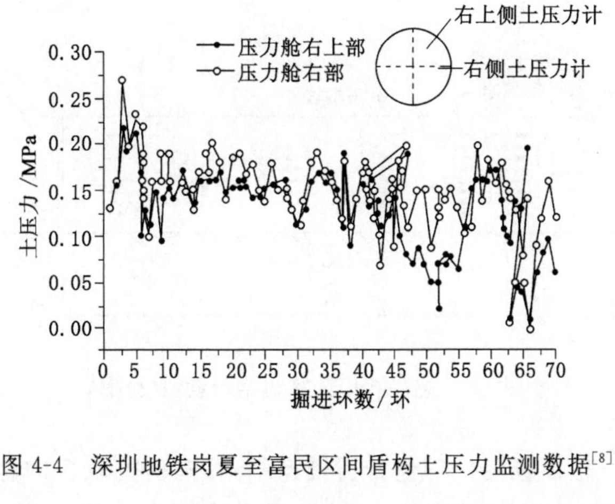

图 4-4 深圳地铁岗夏至富民区间盾构土压力监测数据[8]

考。在下文的分析中，首先给出波动推力在开挖面前方产生超静孔压大小的计算方法，之后计算超静孔压对开挖面所需最小推力的影响，最后通过参数计算说明超静孔压对开挖面稳定性的影响规律[143]。

4.2 波动推力作用下开挖面前方超静孔压的计算方法

4.2.1 分析模型及其基本假设

为简化分析，本书采用图 4-5 所示模型进行分析，开挖面范围内为砂土层，上下区域为黏土层。在此分析模型中，由于开挖面上方和下方均为渗透系数较小的黏土层，在此情况下，开挖面推力在砂土层当中产生的超静孔压难以向黏土层当中消散，仅能在砂土层中沿轴向消散。如此，则可采用图 4-6 所示的简化模型分析开挖面前方超静孔压的大小，从而使问题能够得到解析求解。

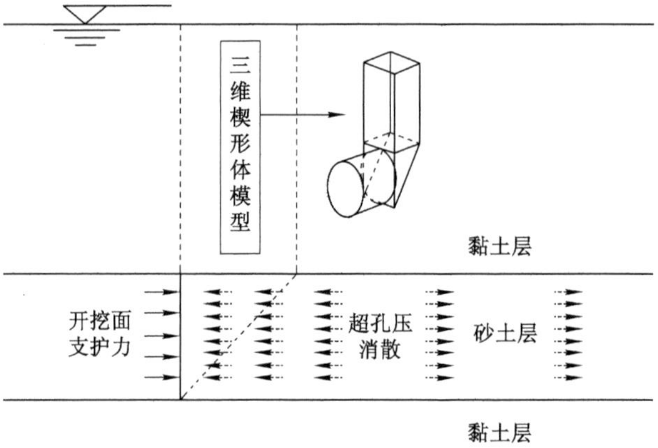

图 4-5　砂土复合地层中超静孔压对开挖面稳定性影响分析示意图

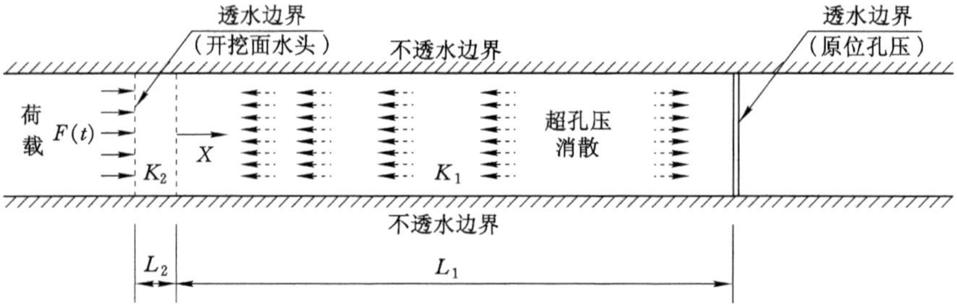

图 4-6　超静孔压计算模型示意图(局部)

三维盾构隧道开挖面稳定性理论分析模型中，目前研究较多的是基于筒仓理论建立的楔形体模型，本书在开挖面稳定性分析中同样采用楔形体模型。需要说明的是，在图 4-5所示分层土模型中，开挖面上方黏土层滑动面严格来讲并不是竖直的，应当是一斜向上扩展的曲面。关于黏土层中滑动面的具体形状，是目前相关研究的难点问题。Mollon[14]假设滑动面为满足一定滑动规律的一系列三角柱体形成的曲面，乔金丽[17]假定开挖面滑动块形状为一个梯形楔形体，这些分析均采用的假设模型，关于滑动面的具体形状目前仍未有明确的结论。由于本书主要分析超孔压对开挖面稳定性的影响，因此为简化分析，仍采用常用的楔形体模型进行计算（图 4-5），滑动面的影响可通过棱柱体侧土压力系数的取值来修正。

需要说明的是，实际盾构施工过程中超静孔压的产生由两方面因素造成：一方面由开挖导致的应力状态发生变化[142]，从而产生超静孔压；另一方面由于开挖面推力、注浆压力等盾构施工因素造成的超静孔压。在采用图 4-5 所示模型进行分析时，仅考虑由于开挖面推力作用产生的超静孔压，从而简化分析。

在图 4-6 所示模型中，X 轴沿水平方向，L_1 为开挖面前方土体的分析范围。经过试算，当 L_1 取值为 $10D$ 和 $20D$ 时（D 为隧道直径），超孔压的计算结果差别小于 2.5%。因此，为简化分析，在下文中消散长度 L_1 取值为 $10D$。

（2）假设开挖面位置固定

盾构推进过程中开挖面的位置持续向前移动，若在分析模型中考虑开挖面位置的持续变化，将使问题难以求解。因此在本书中，为简化分析，不考虑盾构推进长度的影响，即假设开挖面位置不发生变化，由此仅分析开挖面在波动推力作用下产生的超静孔压大小。

（3）开挖面水头

开挖面水头的大小体现了开挖面对水控制措施的优劣[143]。当土仓中的水头比土层中的原位水头低时，则地下水将向开挖面产生渗流；当两者接近相等时，则可阻止地下水的渗流。在图 4-6 所示分析模型中，开挖面水头通过土仓中土的渗透系数 K_2 进行控制，当 K_2 取值较大时，即土仓中土体透水性较大时，地下水向开挖面发生较大渗流。

（4）超静孔压计算模型的基本假设

为简化分析，对图 4-6 所示模型作出如下基本假设：

① 土层是均质的、完全饱和的；

② 土粒和水是不可压缩的；

③ 由于模型中上下黏土层的渗透系数相对极小，因此假设水的渗流仅沿水平方向发生；

④ 水的渗流遵从达西定律，且土体渗透系数保持不变；

⑤ 孔隙比的变化与有效应力的变化成正比，且压缩系数保持不变；

⑥ 由于仅分析水平向的渗流，因此不考虑水自重的影响。

4.2.2 开挖面波动推力表达式的确定

假设开挖面推力的波动如图 4-7 所示，数学表达式如式（4-1）所示，即假设开挖面推力 $F(t)$ 为在 F_0 上下波动，波动幅度为 ΔF_m，波动周期为 T。

图 4-7 所示波动模型是对实际情况做了较大简化。实际工程中，由于地质情况的变化、盾构机械故障等因素造成的推力波动幅度 ΔF_m 并不是一恒定值，本书为简化分析假设其为恒定值。同时式（4-1）中波动周期的实际物理意义为盾构推进过程中土层力学参数变化造成的推力波动时间间隔、盾构由停顿状态转变到推进状态的时间间隔，本书同

样将其简化为一恒定值 T。在下文的分析中，针对 ΔF_m 和 T 的取值进行了参数分析。

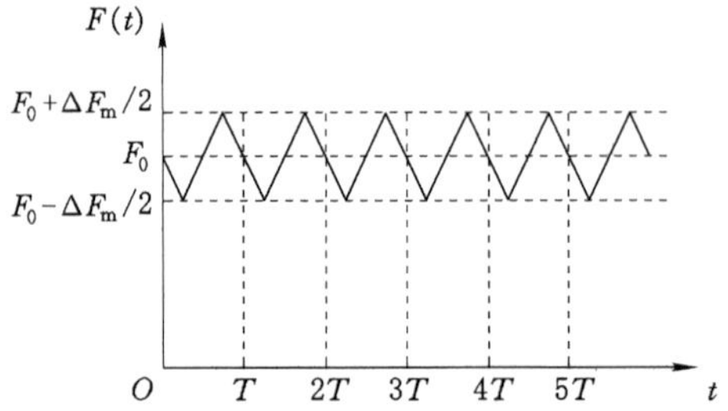

图 4-7　开挖面推力波动变化示意图

本书分析模型中未考虑刀盘开口率的影响，不可否认的是，刀盘开口随着盾构的推进在开挖面前方将会产生超孔压。但为简化分析模型，本书未考虑刀盘开口的具体影响，均将其包括在开挖面推力的表达式(4-1)当中。

当开挖面推力处于最大值时($F_0+\Delta F_m$)，开挖面处于较为安全的状态，但其将产生较大的超孔压，此超孔压在当开挖面推力处于最小值时($F_0-\Delta F_m$)难以完全消散，此未消散的超孔压将降低开挖面的稳定性。因此推力波动变化对开挖面稳定性的影响主要体现在两方面：一方面是推力值自身的减小；另一方面是推力较大时产生的超孔压在推力减小时未能及时消散，在这两方面因素作用下，将对开挖面稳定性产生显著影响。

$$F(t)=\begin{cases}F_0+\dfrac{2\Delta F_m}{T}t & (0<t<T/2)\\ F_0+\dfrac{2\Delta F_m}{T}(T-t) & (T/2<t<T)\\ F(t+T)=F(t)\end{cases}\tag{4-1}$$

式中，$F(t)$为开挖面推力随时间的函数；F_0 为开挖面推力平均值；ΔF_m 为开挖面推力波动幅度值；T 为开挖面推力波动周期。

4.2.3　开挖面前方超静孔压分布的解析

对于图 4-6 所示分析模型，根据所做的假设，得到的固结方程可表示为[144,145]：

$$\frac{\partial \bar{\sigma}(x,t)}{\partial t}=C_s\cdot\frac{\partial^2\bar{\sigma}(x,t)}{\partial x^2}\tag{4-2}$$

式中，$\bar{\sigma}(z,t)$为 z 处 t 时刻相对于初始有效应力的有效应力增量(简称有效应力)；C_s 为土的固结系数，$C_s=(k_s\times E_s)/\gamma_w$，其中 r_w 为水的重度，k_s 为土层渗透系数，$k_s=k_1$。

对式(4-2)进行 Laplace 变换[146,147]可得：

$$s\cdot\bar{\sigma}(x,s)-\bar{\sigma}(x,0)=C_s\frac{\partial^2\bar{\sigma}(x,s)}{\partial x^2}\tag{4-3}$$

式中，$\bar{\sigma}(x,s)$是$\bar{\sigma}(x,t)$的 Laplace 变换。

式(4-3)的解为：

$$\bar{\sigma}(x,s)=c_1e^{\beta x}+c_2e^{-\beta x}+\bar{\sigma}^*(s)\tag{4-4}$$

式中，$\bar{\sigma}^*(x,s)$是式(4-2)的一个特解；$\beta=\sqrt{\dfrac{s}{C_v}}$。

对于图 4-6 所示土层，初始状态下孔隙水压力为 h_0，问题的初值条件和边界条件为：

$$\begin{cases} u(x,t)=h_0 & (t=0) \\ u=u_{\mathrm{f}} & (x=-L_2,t>0) \end{cases} \tag{4-5}$$

式中，u_{f} 为开挖面水压。

交界面处流量相等，可得：

$$\frac{\partial u(x,t)}{\partial x}-\frac{R}{2H}\times u(x,t)=0 \quad (x=0,t>0) \tag{4-6}$$

式中，$R=K_2\cdot 2H/(K_1\cdot L_1)$。其中 K_1为土层渗透系数，K_2为土仓中土体渗透系数。

假定右侧边界为不透水边界：

$$\frac{\partial u}{\partial x}=0 \quad (x=L_1,t>0) \tag{4-7}$$

在任意时刻，外加应力都等于孔隙水压力与有效应力之和，即 $u(x,t)=F(t)-\bar{\sigma}(x,t)$，故式(4-5)、式(4-6)、式(4-7)又可表示为以下形式：

$$\bar{\sigma}(x,t)=F(t)-u_{\mathrm{f}} \quad (x=-L_2,t>0) \tag{4-8}$$

$$\frac{\partial\bar{\sigma}(x,t)}{\partial x}+\frac{R}{2H}[F(t)-\bar{\sigma}(x,t)]=0 \quad (x=0,t>0) \tag{4-9}$$

$$\frac{\partial F(t)}{\partial x}-\frac{\bar{\sigma}(x,t)}{\partial t}=0 \quad (x=L_1,t>0) \tag{4-10}$$

式(4-8)做 Laplace 变换得：

$$\bar{\sigma}(x,s)=Q(s)-u_{\mathrm{f}}\frac{1}{s} \quad (x=-L_2,t>0) \tag{4-11}$$

其中 $Q(s)$为开挖面荷载函数 $F(t)$的 Laplace 变换。

式(4-9)做 Laplace 变换得：

$$\frac{\partial\bar{\sigma}(x,s)}{\partial x}+\frac{R}{2H}[Q(s)-\bar{\sigma}(x,s)]=0 \quad (x=0,t>0) \tag{4-12}$$

式(4-10)做 Laplace 变换得：

$$\frac{\partial Q(s)}{\partial x}-\frac{\bar{\sigma}(x,s)}{\partial x}=0 \quad (x=L_1,t>0) \tag{4-13}$$

将式(4-4)代入式(4-11)、式(4-12)和式(4-13)，并应用边界条件，得：

$$\bar{\sigma}(x,s)=c_1\mathrm{e}^{\beta x}+c_2\mathrm{e}^{-\beta x}+\bar{\sigma}^*(x,s)$$

$$c_1\mathrm{e}^{\beta x}+c_2\mathrm{e}^{-\beta x}+\bar{\sigma}^*(x,s)=Q(s)-u_{\mathrm{f}}\frac{1}{s} \quad (x=-L_2,t>0)$$

$$c_1\beta\mathrm{e}^{\beta x}-c_2\beta\mathrm{e}^{\beta x}+\frac{\partial\sigma^*(x,s)}{\partial x}+\frac{R}{2H}\{Q(s)-[c_1\mathrm{e}^{\beta x}+c_2\mathrm{e}^{-\beta x}+\bar{\sigma}^*(x,s)]\}=0 \quad (x=0,t>0)$$

$$\frac{\partial Q(s)}{\partial x}-c_1\beta\mathrm{e}^{\beta x}-c_2\beta\mathrm{e}^{-\beta x}+\frac{\partial\sigma^*(x,s)}{\partial x}=0 \quad (x=L_1,t>0)$$

边界条件代入，同时$\dfrac{\partial Q(s)}{\partial x}$，可得：

$$\bar{\sigma}^*(s)=Q(s)-u_f\frac{1}{s}-c_1e^{\beta L_2}-c_2e^{-\beta L_2}$$

$$c_1\beta-c_2\beta+\frac{R}{2H}\{Q(s)-[c_1+c_2+\bar{\sigma}^*(0,s)]\}=0$$

$$-c_1\beta e^{\beta L_1}-c_2\beta e^{-\beta L_1}=0$$

上述方程组联立，可解得：

$$C_1=\frac{Ru_fe^{-\beta L_2}}{s(-2\beta He^{-\beta L_2}-2\beta He^{-\beta(L_2-2L_1)}+Re^{-\beta L_2}-Re^{-1\beta(L_2-2L_1)}-R+Re^{-2\beta(-L_1+L_2)})}$$

$$C_2=\frac{Ru_fe^{-\beta(L_2-2L_4)}}{s(2\beta He^{-\beta L_2}+2\beta He^{-\beta(L_2-2L_1)}-Re^{-\beta L_2}+Re^{-\beta(L_2-2L_1)}+R-Re^{-2\beta(-L_1+L_2)})}$$

将 C_1、C_2 代入应力表达式，可得应力表达式为：

$$\begin{aligned}\sigma(x,s)=&-(-e^{\beta L_2+\beta x}Ru_f+e^{2\beta L_1+\beta L_2-\beta x}Ru_f+2e^{\beta L_2}Qs\beta H+2e^{2\beta L_1+\beta L_2}Qs\beta H-\\&e^{\beta L_2}QsR+e^{2\beta L_1+\beta L_2}QsR+e^{2\beta L_2}QsR-e^{2\beta L_1}QsR-2e^{\beta L_2}u_f\beta H-\\&2e^{2\beta L_1+\beta L_2}u_f\beta H+e^{\beta L_2}Ru_f-e^{2\beta L_1+\beta L_2}u_fR)\\&/(-2\beta He^{\beta L_2}-2\beta He^{\beta(2L_1+L_2)}+Re^{\beta L_2}-Re^{\beta(2L_1+L_2)}-Re^{2\beta L_2}+Re^{2\beta L_4}/s\end{aligned}$$

对上式求 Laplace 逆变换即可得所求得的有效应力表达式：

$$\sigma(x,t)=\frac{1}{2\pi i}\int_{c-i\infty}^{c+i\infty}\sigma(x,s)e^{-st}ds \tag{4-14}$$

式中，$i=\sqrt{-1}$。

上述 Laplace 逆变换采用 MATLAB 编写数值算法进行求解。

孔隙水压力即可根据下式得出：

$$u(x,t)=F(t)-\bar{\sigma}(x,t)$$

其中对于 Laplace 逆变换的求解采用 Stehfest 给出的数值反演计算公式[148]：

$$f(T)=\frac{\ln 2}{T}\sum_{j=1}^{n}\bar{f}(s)\left(\frac{\ln 2}{T}j\right) \tag{4-15}$$

式中，$\bar{f}s$ 为 $f(t)$ 的像函数，且

$$\bar{f}(s)=L[f(t)]=\int_0^{\infty}f(t)e^{-st}dt$$

$$V_j=(-1)^{N/2+i}\sum_{k=\left[\frac{i+1}{2}\right]}^{\mathrm{Min}(i,N/2)}\frac{k^{N/2}(2k)!}{(N/2-k)!k!(k-1)!(i-k)!(2k-i)!}$$

式中 N 为正偶数。

4.3 超静孔压对开挖面稳定性影响的计算方法

4.3.1 计算方法说明

对于超静孔压对开挖面稳定性影响的分析，Broere[16] 采用楔形体模型分析了泥水盾构开挖面泥浆向前方渗透产生的超静孔压对开挖面稳定性的影响。本书同样采用楔形

体模型进行分析，其中开挖面前方的超孔压大小采用 4.2 节的方法计算。

如图 4-8 所示，作用在楔形体上的各种力包括：

① 土体自重 G；

② 上部土体对楔形体的压力 V'；

③ 土体收到的渗透力 $\{F_x, F_y\}$，在本书的分析中，为简化，仅考虑土体水平方向的渗透力，即取 $F_y=0$；

④ 水平方向在面 ABE 和面 DCF 上产生的法向力；

⑤ 开挖面推力产生的支护力 S；

⑥ 倾斜滑动面上的法向力 N'；

⑦ 倾斜滑动面上产生的剪切阻力 T。

本书将前文计算得到的开挖面前方孔隙水压力，采用有效应力原理对倾斜滑动面上的剪切阻力 T 进行修正，进而得到开挖面所需的最小支护力。

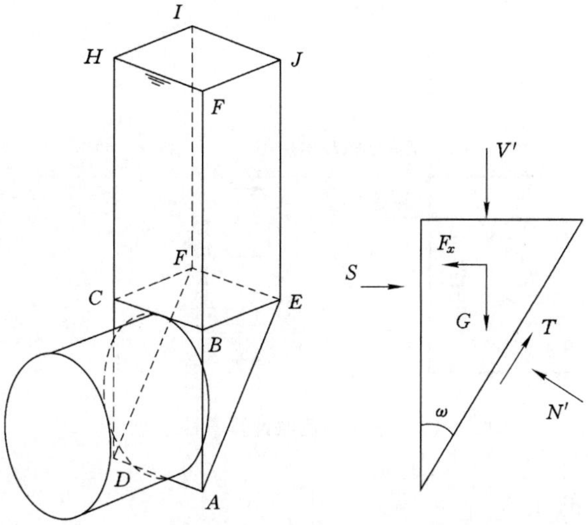

图 4-8　楔形滑动体分析模型示意图

(1) 滑动面上剪切力的计算

在图 4-8 所示分析模型中，$ADFE$ 面上的法向力 N' 可通过有效应力原理计算，如式(4-16)所示。继而此面上土体的抗剪强度可通过莫尔—库仑定理得出，如式(4-17)和图 4-9 所示。

$$\sigma' = \sigma - u \tag{4-16}$$

$$\tau = c/v + \sigma' \tan\varphi/v \tag{4-17}$$

式中，v 为安全系数；u 为孔隙水压力，由 4.2 节的计算方法得出。

根据此方法计算，即可得到倾斜滑动面上的剪切阻力 T，由此可分析超静孔压对开挖面最小支护力的影响。

(2) 渗透力的计算

由于不考虑黏土层当中的渗流，因此对于楔形体仅考虑水平方向的渗透力 F_x。取最

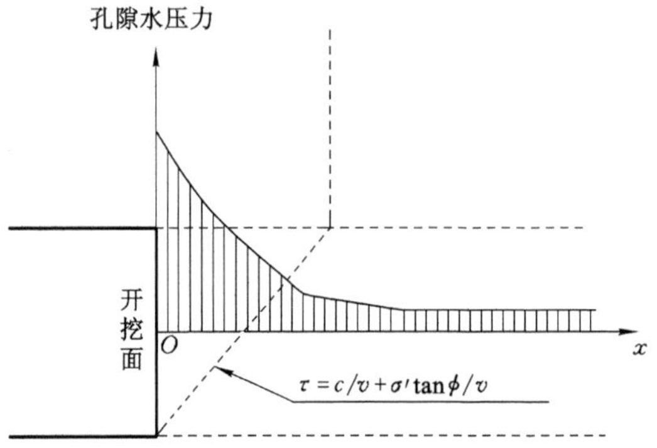

图 4-9　超静孔压对开挖面稳定性分析示意图

不利情况进行计算，即取 $F_x = 1/4\pi D^2 P_0$，如图 4-10 所示，其中 P_0 为原位静水压力。

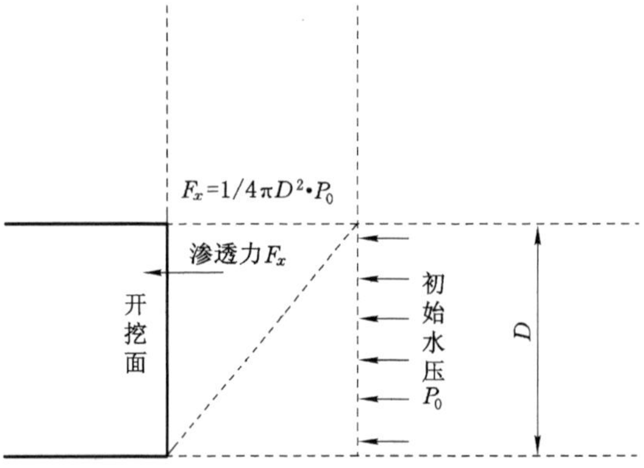

图 4-10　渗透力近似计算方法示意图

(3) 上覆土压力的计算

在计算中需区分总应力和有效应力，由于在砂土层中考虑到渗透力，因此砂土层当中采用水土分算的方法；而在黏土层中，由于其渗透系数很小，假设其为不排水条件，因此采用水土合算的方法，即棱柱体对下部楔形体的压力采用饱和重度进行计算。

(4) 关于平均超静孔压的定义

为在下文中便于描述开挖面前方超静孔压的大小，特定义超静孔压平均值，如图 4-11所示，即在开挖面前方 1 倍直径范围的超静孔压平均值。

4.3.2　计算步骤的确定

根据上文所述分析方法，设定如下计算步骤：

① 根据编制的程序计算循环荷载作用下开挖面前方的孔压分布；

② 计算作用在楔形体上各种力的大小，其中倾斜滑动面上剪切阻力的计算需考虑超静孔压的影响；

③ 计算保持开挖面稳定所需要的最小支护力；

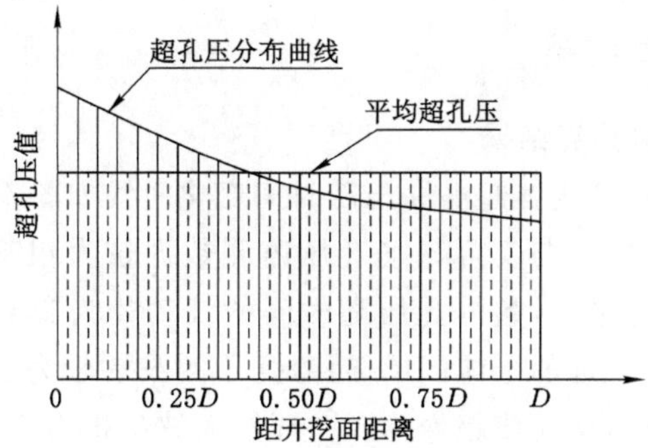

图 4-11 平均超静孔压示意图

④ 变化倾斜滑动面的角度，计算不同倾斜滑动面角度时的最小支护力，最终取计算结果的最大值，即为保持开挖面稳定所需的最小支护力。

上述计算过程步骤(1)仅需计算 1 次，步骤(2)、(3)、(4)需计算多次。本书通过 MATLAB 编程实现上述计算过程，由此即可计算波动推力引起的超静孔压对开挖面稳定性的影响。

4.4 工程算例分析

4.4.1 工程概况

为示意考虑波动推力影响下的开挖面最小推力计算方法，特进行算例计算。在算例分析中，各参数取值如下：

① 隧道几何参数：直径 $D=6$ m，埋深为 12 m；

② 土层力学参数：$E_s=50$ MPa，$k_s=1\times10^{-5}$ m/s，$\gamma_w=9.8\times10^3$ kN/m³，$C_s=(k_s\times E_s)/\gamma_w=0.051$；

③ 图 4-6 所示分析模型中参数取值：$L_1=0.5$ m，$L_2=20$ m，$k_2=1\times10^{-7}$ m/s，$u_f=7.5\times10^4$ Pa，$R=k_2\cdot L_2/(k_v\cdot L_1)=0.1$；

④ 开挖面波动推力参数取值：$F_0=147$ kPa，$\Delta F_m=0.2F_0=29.4$ kPa。

假设开挖速度为 15 m/d，则每天安装管片的数量为 15/1.2=12.6，因此每环管片的安装时间为 3 600×24/12.5=6 912 s。则开挖面循环荷载表达式为：

$$F(t)=\begin{cases}147\ 000+\dfrac{2\times58\ 800}{6\ 912}t & (0<t<3\ 465)\\[2ex] 147\ 000+\dfrac{2\times58\ 800}{6\ 912}(6\ 912-t) & (3\ 465<t<6\ 912)\\[2ex] F(t+6\ 912)=F(t)\end{cases}$$

其 Laplace 变换式为：$Q(s)=\dfrac{176\ 400}{6\ 912s^2}\cdot\dfrac{(e^{3456s}-e^{3456s})}{(e^{3456s}+e^{3456s})}$。

4.4.2 超静孔压计算结果

(1) 开挖面不透水时计算结果

开挖面前方不同位置处土体超静孔压随时间变化曲线如图 4-12 所示。由图可知，超静孔压具有显著的波动性，这与实际现场孔压监测数据较为相符。开挖面不透水时，在距开挖面距离较近的土体区域，超静孔压随时间的波动较为微弱，呈现随时间逐渐降低的趋势；在距开挖面距离较远的土体区域，超静孔压的波动较为显著，这是由于超静孔压得以向深部土体及时消散，从而使超静孔压在开挖面波动推力作用下表现出显著波动现象。但其总的趋势同样是随时间逐渐降低。

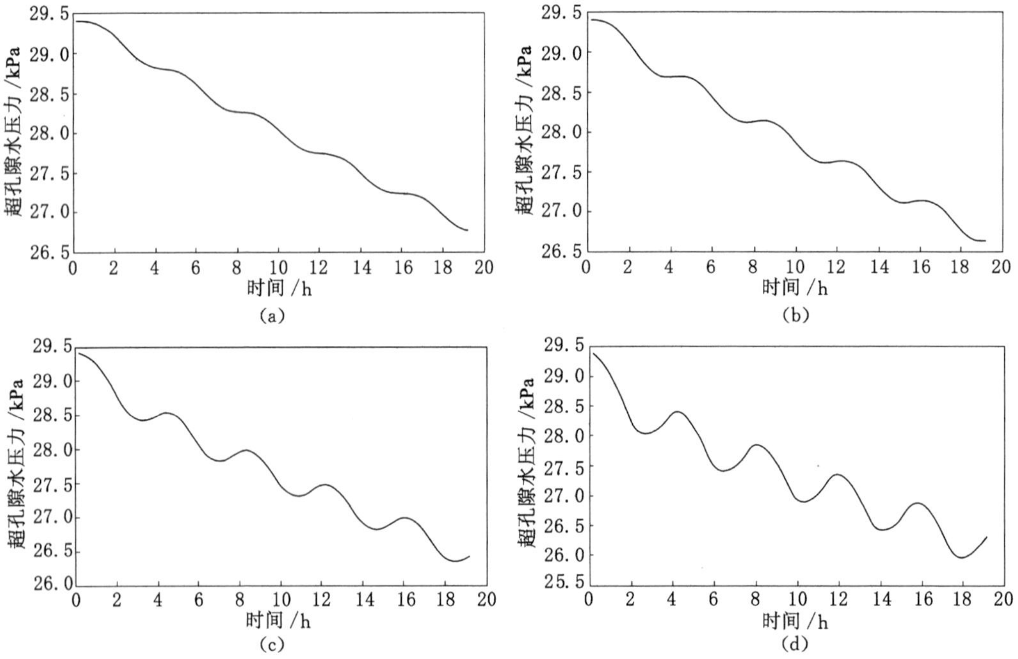

图 4-12　开挖面前方不同位置处超静孔压随时间变化曲线(开挖面不透水)

(a) 1 m;(b) 3 m;(c) 6 m;(d) 9 m

开挖面不透水时开挖面前方超静孔压的分布曲线如图 4-13 所示，由图同样可以看出，在开挖面附近产生了较大的超孔压，此超孔压将减小土体当中有效应力，从而降低开挖面的稳定性。

(2) 开挖面透水时的计算结果

开挖面前方不同位置处土体超静孔压随时间变化曲线如图 4-14 所示，超静孔压随时间发生显著地波动，总的趋势仍是随时间逐渐消散。

开挖面前方超静孔压分布曲线如图 4-15 所示，与开挖面不透水时的计算结果不同，开挖面附近的超静孔压较小，距开挖面较远处超静孔压较大。说明在开挖面透水时，波动推力对开挖面的稳定性影响较小。

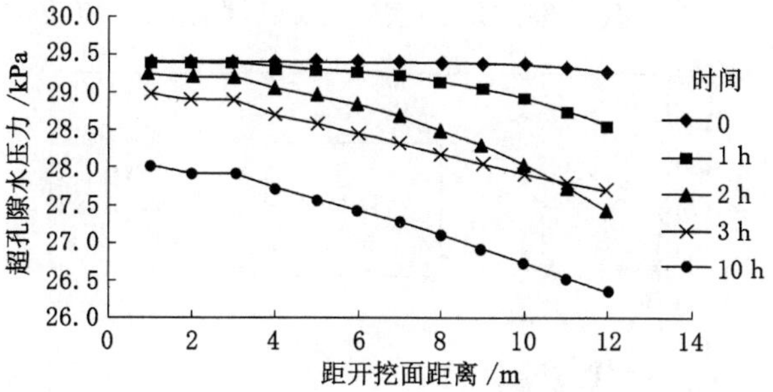

图 4-13 开挖面前方超静孔压分布曲线(开挖面不透水)

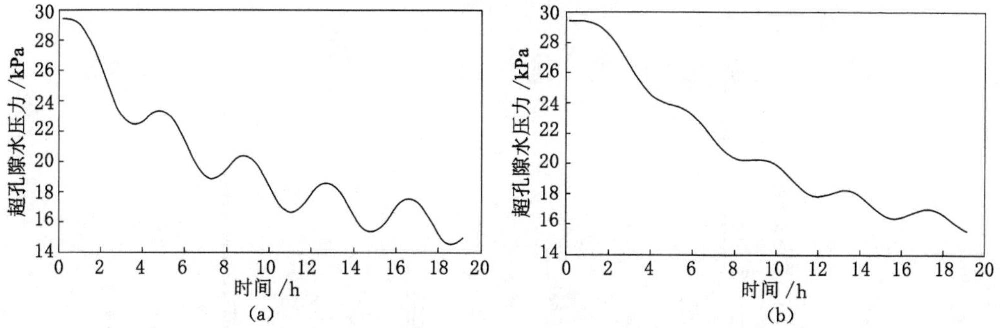

图 4-14 开挖面前方不同位置处超静孔压随时间变化曲线(开挖面透水)

(a) 1 m;(b) 6 m

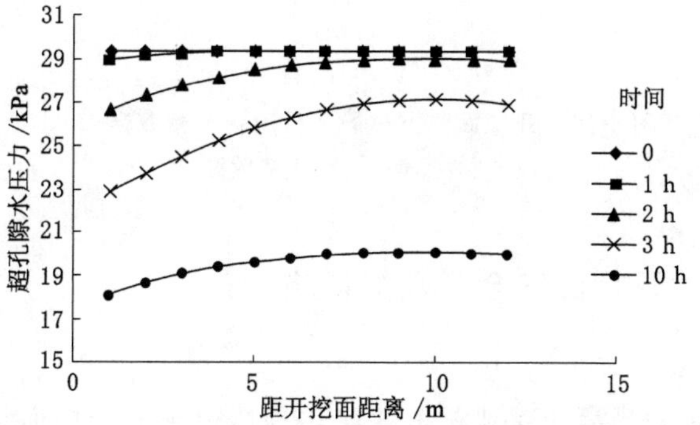

图 4-15 开挖面前方超静孔压分布曲线(开挖面透水)

4.4.3 超静孔压实测结果与计算结果的对比

在文献[149]、[150]、[151]中,均监测了开挖面前方超静孔压的大小,如图 4-16 所示,由图可知孔压监测曲线具有显著波动性。在上海虹桥迎宾三路隧道工程的监测曲线中(图 4-17),孔压监测数据同样表现出显著波动性。本书计算得到的孔压波动变化规律与这些现场监测数据与较为一致,由此说明本书分析模型较为合理。在目前通常采用的数值计算方法中，由于未考虑波动推力的影响，则难以解释此孔压波动现象。

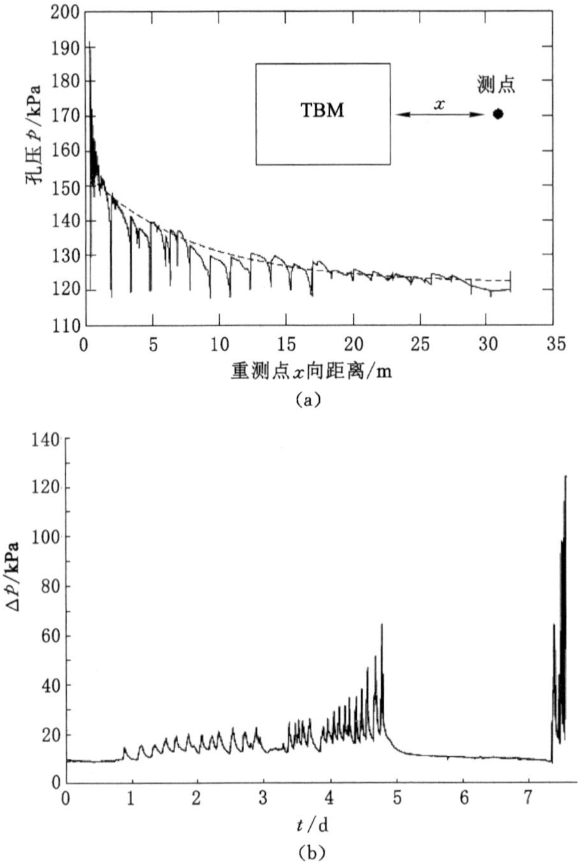

图 4-16　开挖面前方超静孔压现场监测数据[150]

(a) 监测数据一；(b) 监测数据二

4.4.4　超静孔压对开挖面安全系数的影响

(1) 算例计算结果

根据计算结果，得知当滑动面倾斜角度取 32°时，得到的开挖面支护力最大，因此维持开挖面稳定性所需要的最小支护力即为 9.5 MN。在采用不考虑超静孔压影响的计算方法时，得到开挖面最小支护力为 8.5 MN，超静孔压对最小支护力的影响达到 12%。因此，在盾构开挖面稳定性分析中需考虑超静孔压的影响。

(2) 本书方法与其他方法结果的对比

对于盾构隧道开挖面最小支护力的计算方法，许多学者进行了系统研究，G. Anagnostou 在 1991 年提出的计算方法[49]可以认为是在不考虑渗流情况下得到的结果，在 1996 年提出的计算方法[152]可以认为是在考虑渗流情况下得到的结果，本书提出的方法可认为是在考虑流固耦合的情况下得到的结果。三者计算结果的对比如图 4-18 所示，由

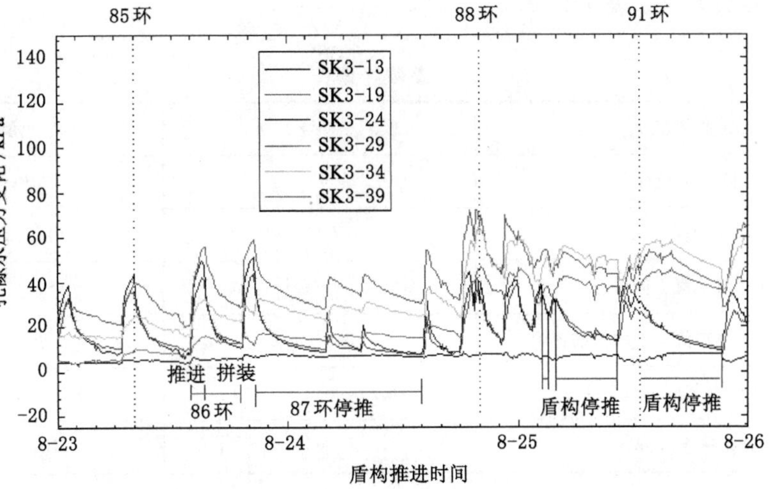

图 4-17 上海虹桥迎宾三路隧道工程孔压监测数据的波动变化(SK 为测点编号)

图可知本书计算方法得到的开挖面最小支护力较大。由此说明在计算开挖面最小支护力时需考虑前方超静孔压的影响,否则将降低开挖面稳定的安全系数。

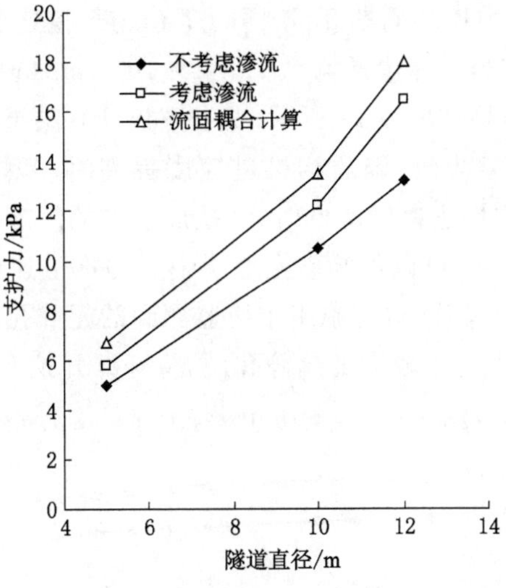

图 4-18 本书分析结果与相关文献对比示意图

4.5 参数分析

4.5.1 参数计算说明

本章建立的开挖面最小支护力计算模型包含了隧道直径、埋深、盾构推进速度、开挖面水头等参数的影响,为分析这些参数对开挖面超静孔压和最小支护力的影响,特进行参数分析，参数取值如表 4-1 所示。

表 4-1　　参数计算表

参数值	符号	值
隧道直径/m	D	3,6,9,12
埋深	C/D	1,2,3,4,5
开挖面推力与上覆土体压力的比值	$(\sigma_T/\gamma_土)/(C+D/2)$	1,0.5,0.3,0.2,0.1
开挖面推力波动值与平均值的比值		0.1,0.2,0.3
开挖面水头差与原位水头的比值	$(h_c/\gamma_水)/(C+D/2)$	1,0.8,0.6,0.4,0.2,0
开挖速度/(m/d)	V	5,10,15,20, 30

注：C 为隧道埋深；σ_T 为开挖面推力；h_c为开挖面水头；γ 为土体重度；$\gamma_水$ 为水的重度。

4.5.2　盾构推进速度影响

在本书分析模型中，盾构推进速度通过推力波动时间间隔来体现。盾构推力波动时间间隔是指图 4-7 中的推力循环周期 T，不同的 T 值与开挖速度具有对应关系，较小的 T 值说明盾构推进速度快。当土体渗透系数 $K=1\times10^{-5}$ m/s 时，不同开挖速度情况下开挖面前方超静孔压计算结果如图 4-19 所示，安全系数计算结果如图 4-20 所示。

由图 4-19 可知，T 值减小时，即盾构推进速度提高时，开挖面前方的超静孔压值增大；当 T 值增大时，即盾构推进速度降低时，开挖面前方的超静孔压值减小。结合前文砂土地层中超静孔压计算结果，可以得知砂土地层中盾构推进速度与开挖面附近超静孔压的大小密切相关[18]，这也与实际盾构施工中所监测到的超静孔压变化规律较为一致。同时，较快的推进速度导致产生了较大的超静孔压，将降低开挖面的安全系数（图 4-20）。

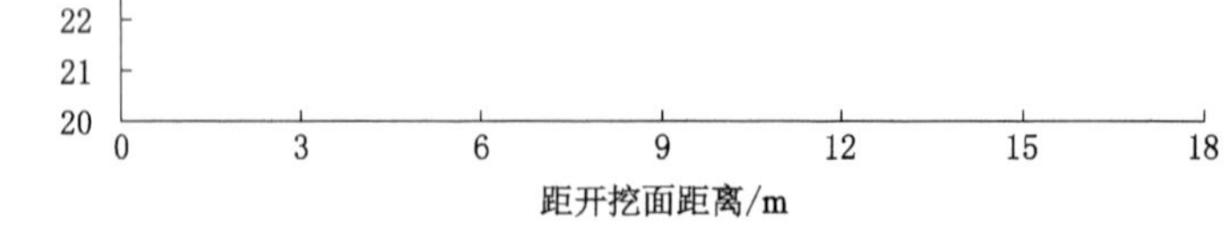

图 4-19　循环荷载作用周期对开挖面前方超静孔压影响的分析曲线
（$K=1\times10^{-5}$ m/s）

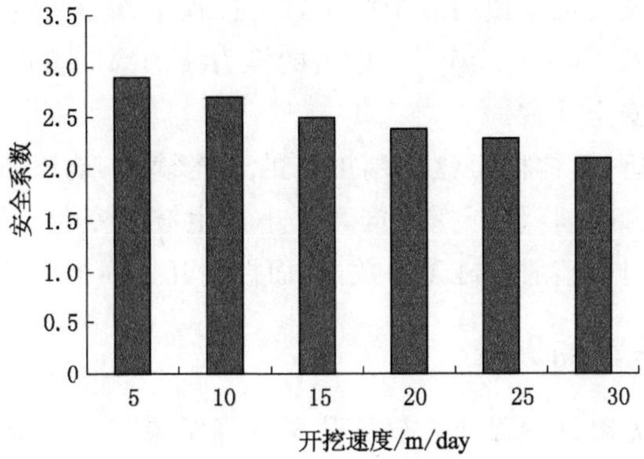

图 4-20　不同开挖速度情况下的开挖面安全系数计算结果

4.5.3　盾构推力波动幅度的影响

所谓开挖面推力波动幅度是指图 4-7 中的 ΔF_m 值，不同推力波动幅度情况下开挖面前方超静孔压计算结果如图 4-21 所示，对应的开挖面安全系数如图 4-22 所示。

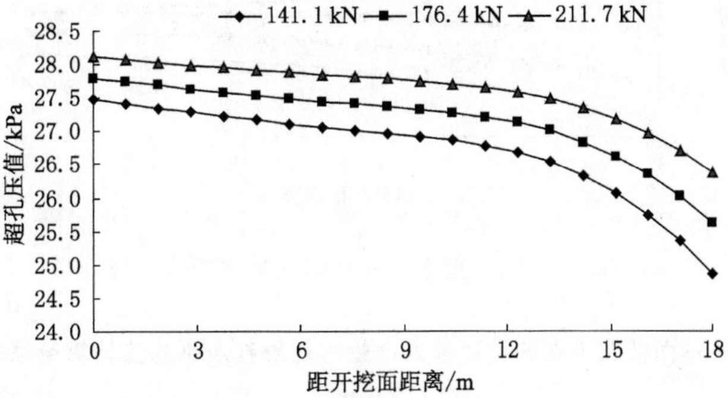

图 4-21　开挖面前方超静孔压值与推力波动值之间关系曲线

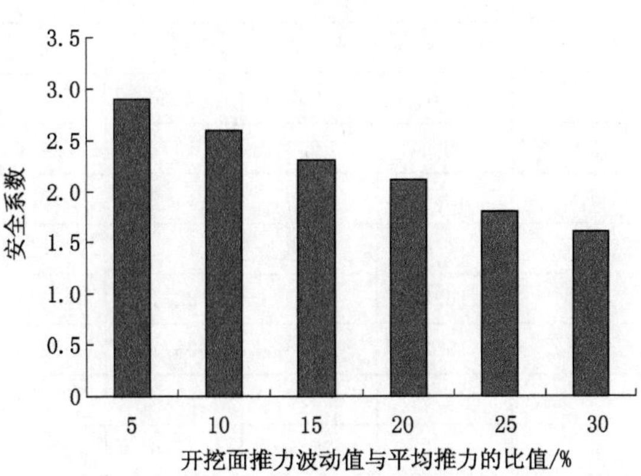

图 4-22　开挖面推力波动幅度对安全系数的影响

较大的盾构推力波动幅度说明盾构机在施工过程中推力稳定性较差，遇到的地质条件较为复杂。由图 4-21 和图 4-22 可知，较大的推力波动幅度将产生较大的超静孔压，从而降低开挖面的稳定安全系数。

根据 4.1 节的分析，盾构机刀盘切割土体的非连续性、地层条件的不断变化以及停盾安装管片等因素的影响，将使开挖面推力大小发生波动变化。因此，在盾构施工过程中应根据上述因素及时调整盾构施工参数，从而控制开挖面推力的波动幅度。

4.5.4 开挖面水头差的影响

不同开挖面水头差时开挖面前方超静孔压计算结果如图 4-23 所示。开挖面水头差是指开挖面处水压与初始静水压力的差值，开挖面的透水将造成水头差的增大。在开挖面透水情况下，由于地下水向开挖面的流动将使开挖面前方的超静孔压减小，因此，在超静孔压对开挖面稳定性的影响分析中，可不考虑开挖面的透水情况。

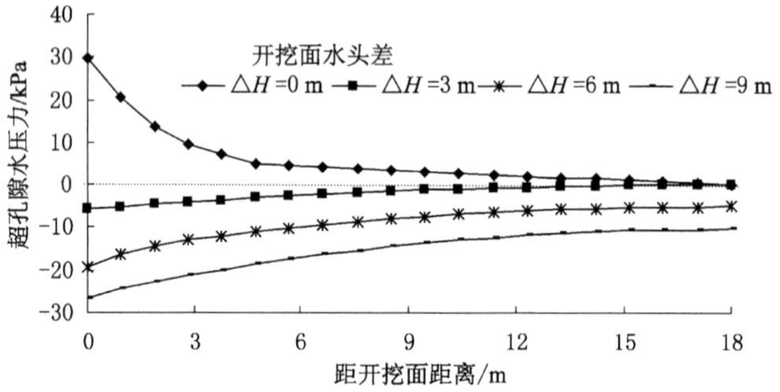

图 4-23 不同开挖面水头差时孔隙水压力计算结果

表 4-2 不同情况下在开挖面前方产生的超静孔压平均值计算结果

($K_S = 1\times10^{-4}$ m/s) kPa

推力波动幅度 \ 推进速度/(m/d)	5	10	15	20	25	30
0.05	5.3	5.7	6.0	6.3	6.8	7.4
0.10	7.6	8.0	9.6	10.2	12.3	13.6
0.15	9.8	10.3	13.2	14.6	16.1	17.2
0.20	12.1	12.6	14.5	15.8	17.5	18.6
0.25	14.6	14.8	15.9	16.9	18.6	19.8
0.30	16.8	19.1	22.1	23.1	24.2	25.6
0.35	19.2	20.8	23.5	22.9	25.3	26.8
0.40	21.9	23.6	25.4	27.1	30.5	31.6
0.45	22.9	25.8	27.6	29.2	32.6	33.8
0.50	25.3	28.6	31.2	32.8	34.5	35.6

4.5.5　各种情况下超静孔压对安全系数影响因素的计算结果

通过上述参数计算，可以得到不同情况下开挖面前方超静孔压平均值以及超静孔压对安全系数的影响计算结果，如表 4-3 至表 4-7 所示。由表可知，当开挖面前方超静孔压值较大时，相应的安全系数降低幅度也较大，因此在盾构隧道开挖面稳定性分析中需考虑开挖面前方超静孔隙水压力的影响。此表为实际工程中盾构开挖面推力的确定提供了参考。

表 4-3　不同情况下在开挖面前方产生的超静孔压平均值计算结果 ($K_S=1\times10^{-6}$ m/s)　kPa

推力波动幅度 \ 推进速度/(m/d)	5	10	15	20	25	30
0.05	8.0	9.2	9.5	10.5	11.1	12.3
0.10	11.4	13.0	15.2	17.0	20.0	22.6
0.15	14.7	16.7	20.9	24.4	26.2	28.6
0.20	18.2	20.4	22.9	26.4	28.5	30.9
0.25	21.9	24.0	25.1	28.2	30.3	32.9
0.30	25.2	30.9	34.9	38.6	39.4	42.5
0.35	28.8	33.7	37.1	38.2	41.2	44.5
0.40	32.9	38.2	40.1	45.3	49.7	52.5
0.45	34.4	41.8	43.6	48.8	53.1	56.1
0.50	38.0	46.3	49.3	54.8	56.2	59.1

表 4-4　不同情况下在开挖面前方产生的超静孔压平均值计算结果 ($K_S=1\times10^{-8}$ m/s)　kPa

推力波动幅度 \ 推进速度/(m/d)	5	10	15	20	25	30
0.05	11.3	12.0	12.7	12.9	14.7	15.7
0.10	16.3	16.8	20.4	20.8	26.5	28.9
0.15	21.0	21.7	28.0	29.8	34.7	36.5
0.20	25.9	26.5	30.8	32.3	37.7	39.5
0.25	31.2	31.2	33.7	34.5	40.1	42.0
0.30	35.9	40.2	46.9	47.2	52.1	54.3
0.35	41.1	43.8	49.9	46.7	54.5	56.9
0.40	46.8	49.7	53.9	55.3	65.7	67.1
0.45	49.0	54.3	58.6	59.6	70.2	71.7
0.50	54.1	60.2	66.2	67.0	74.3	75.6

表 4-5　不同情况下超静孔压对开挖面安全系数的折减系数($K_s=1\times10^{-4}$ m/s)

推力波动幅度 \ 推进速度/(m/d)	5	10	15	20	25	30
0.05	0.957	0.954	0.952	0.949	0.945	0.940
0.10	0.939	0.935	0.923	0.918	0.901	0.890
0.15	0.921	0.917	0.894	0.882	0.870	0.861
0.20	0.902	0.898	0.883	0.873	0.859	0.850
0.25	0.882	0.881	0.872	0.864	0.850	0.840
0.30	0.865	0.846	0.822	0.814	0.805	0.794
0.35	0.845	0.832	0.810	0.815	0.796	0.784
0.40	0.823	0.810	0.795	0.781	0.754	0.745
0.45	0.815	0.792	0.777	0.764	0.737	0.727
0.50	0.796	0.769	0.748	0.735	0.722	0.713

表 4-6　不同情况下超静孔压对开挖面安全系数的折减系数($K_s=1\times10^{-6}$ m/s)

推力波动幅度 \ 推进速度/(m/d)	5	10	15	20	25	30
0.05	0.935	0.926	0.924	0.915	0.911	0.901
0.10	0.908	0.895	0.878	0.863	0.838	0.818
0.15	0.881	0.865	0.832	0.803	0.788	0.770
0.20	0.853	0.835	0.815	0.787	0.770	0.751
0.25	0.823	0.807	0.797	0.772	0.755	0.735
0.30	0.797	0.750	0.718	0.689	0.682	0.657
0.35	0.768	0.728	0.701	0.692	0.667	0.641
0.40	0.735	0.692	0.676	0.635	0.599	0.577
0.45	0.723	0.663	0.648	0.607	0.571	0.547
0.50	0.694	0.626	0.602	0.558	0.546	0.523

表 4-7　不同情况下超静孔压对开挖面安全系数的折减系数($K_s=1\times10^{-8}$ m/s)

推力波动幅度 \ 推进速度/(m/d)	5	10	15	20	25	30
0.05	0.909	0.903	0.897	0.896	0.882	0.873
0.10	0.869	0.864	0.836	0.832	0.786	0.767
0.15	0.831	0.825	0.774	0.760	0.720	0.706
0.20	0.791	0.786	0.752	0.740	0.696	0.682
0.25	0.748	0.749	0.728	0.722	0.677	0.661

续表 4-7

推力波动幅度 \ 推进速度/(m/d)	5	10	15	20	25	30
0.30	0.710	0.676	0.622	0.620	0.579	0.562
0.35	0.669	0.647	0.598	0.623	0.560	0.541
0.40	0.623	0.599	0.565	0.554	0.470	0.459
0.45	0.605	0.562	0.528	0.519	0.433	0.421
0.50	0.564	0.514	0.466	0.460	0.400	0.391

4.6 本章小结

本章针对盾构施工过程中开挖面推力波动变化引起的超静孔压对开挖面的稳定性影响进行了分析，得到了如下结论：

(1) 通过对盾构施工过程中地质条件变化、刀盘循环转动切割土体、停盾拼装管片等因素对开挖面推力的影响分析，并结合现场监测数据，指出开挖面推力是一持续波动的力，此波动推力将在开挖面前方产生可累积的超静孔压，最终对开挖面稳定性产生影响。

(2) 针对波动推力对开挖面稳定性的影响分析，特设计了开挖面位置为砂土层，上下区域为黏土层的简化分析模型，同时给出符合实际情况的开挖面推力随时间波动的数学表达式；进而通过解析得到了开挖面前方超静孔压的计算方法。

(3) 结合三维楔形体模型，给出了超静孔压对开挖面稳定性影响的计算方法。算例计算结果显示超静孔压将显著降低开挖面的安全系数，分别与不考虑渗流、考虑渗流的计算方法相比本书得到的开挖面最小推力计算结果最大。同时，通过计算得到的超静孔压波动变化规律与实际监测数据较为相符，由此说明本书分析模型的合理性。

(4) 通过对隧道埋深、盾构推进速度、推力波动幅度和开挖面水头等因素的参数分析，得知当开挖面前方超静孔压值较大时，相应的安全系数降低幅度也较大；给出了不同情况下所产生的超静孔压值以及对开挖面稳定影响的计算结果，为实际盾构工程中施工参数的制定提供了参考。

5 渗流作用下管片承受压力的流固耦合分析

5.1 概述

前文分析了地下水的存在对开挖面稳定性、地表沉降的影响，同时，地下水的渗流同样将对管片荷载产生影响。目前对于衬砌在渗流作用下的承载规律尚无系统研究结论，相关文献的解析研究可分为两大类：力学解析和渗流解析。力学解析为根据弹塑性力学理论进行土体和管片的应力和变形分析；渗流解析为根据渗流理论首先进行稳态渗流场的分析，进而分析渗透力作用下的土体和管片变形。管片在渗流作用下的承载分析应当将力学解析和渗流解析综合起来进行考虑。

同时，土体在承载过程中由于孔隙比的变化造成其渗透系数将发生改变。对于管片周围土体，由于应力不同造成不同区域土体具有不同的渗透系数，如图 5-1 所示。在渗流分析中，土体渗透系数的取值对分析结果具有重要影响。

因此，本章建立如图 5-2 所示的流固耦合计算过程，通过土体渗透系数的取值将应力分析和渗流分析之间建立关系，进而分析管片在渗流作用下的承载规律[155]。详细分析过程如下文所述。

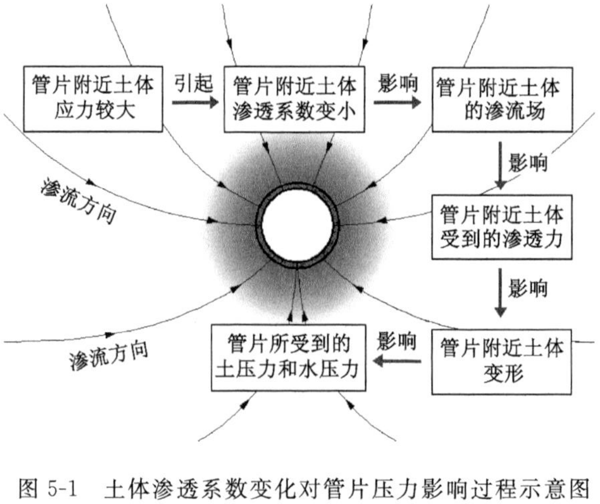

图 5-1 土体渗透系数变化对管片压力影响过程示意图

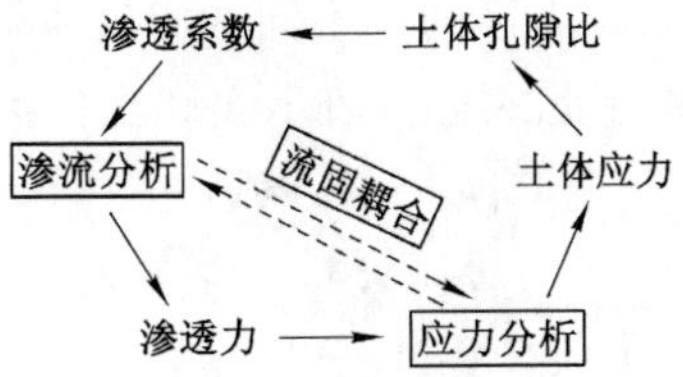

图 5-2　流固耦合分析示意图

5.2　不同压力下土体渗透系数的变化规律

5.2.1　土体渗透系数与应力大小关系的研究现状

付宏渊[153]在荷载作用引起砂土渗透系数变化的研究中，根据试验结果得到孔隙比与渗透系数之间的拟合曲线如图 5-3 所示。本书采用此关系曲线，假定土体渗透系数是孔隙比的函数，从而进行分析。

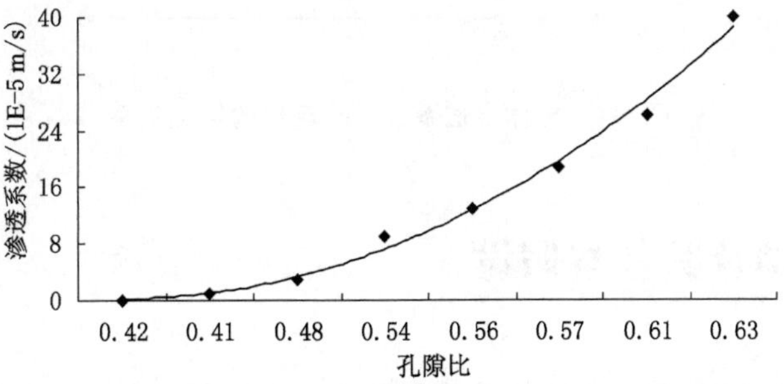

图 5-3　孔隙比与渗透系数之间关系试验结果的拟合曲线[153]

在管片承载分析中，土体处于三向承载状态，根据弹性理论，单元体的体积应变为：

$$\varepsilon_v=\frac{1-2v}{E_0}\theta=\frac{e_0-e_1}{1+e_0}$$

式中，e_0、e 分别为压缩前和压缩后的孔隙比；$\theta=\sigma'_x+\sigma'_y+\sigma'_z$。

极坐标系下为：

$$\varepsilon_v=\frac{1-2v}{E_0}\theta=\frac{1-2v}{E_0}(\sigma_r+\sigma_\theta)=\frac{e_0-e}{1+e_0}$$

由此解得极坐标系下土体孔隙比的计算公式如式(5-1)所示。

$$e=e_0-\frac{1-2v}{E_0}(1+e_0)(\sigma_r+\sigma_\theta) \tag{5-1}$$

因此，根据式(5-1)和图 5-3 即可计算土体在应力作用下的渗透系数取值。

5.2.2　土体渗透系数与应力大小的简化关系

为简化分析，基于离散化的思想，将土体渗透系数与孔隙比之间的关系曲线(图 5-3)

离散化为分段折线，即在不同的应力区间取不同的渗透系数值，如图 5-4 所示。其数学表达式如式(5-2)所示。下文即采用此式近似表示实际土体渗透系数与孔隙比之间的关系。

$$K=\begin{cases}k_0 & (e=e_0)\\ k_1 & (e_1\leqslant e\leqslant e_0)\\ k_2 & (e_2\leqslant e\leqslant e_1)\\ k_3 & (e_3\leqslant e\leqslant e_2)\\ k_4 & (e\leqslant e_3)\end{cases} \tag{5-2}$$

式中，e_0、e_1、e_2、e_3、e_4 为土体不同的孔隙比取值；k_0、k_1、k_2、k_3、k_4 对应的渗透系数取值。

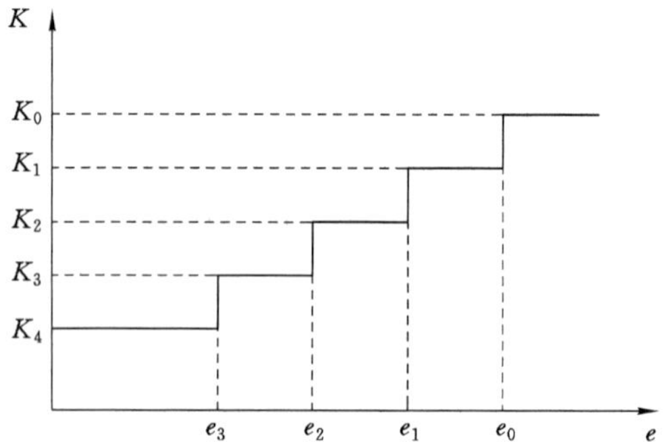

图 5-4　土体渗透系数与孔隙比的简化关系

5.3　分析模型及其基本假设

5.3.1　力学分析模型和渗流分析模型

根据前文的说明，流固耦合分析包括力学分析和渗流分析，因此首先分别建立力学分析模型和渗流分析模型，如图 5-5 和图 5-6 所示。

(1) 力学分析模型

力学分析模型如图 5-5 所示，隧道半径为 r_0，埋深为 h_0，水位高度为 h_1，衬砌的内径分别为 r_0 和 r_1。在此模型中，作出如下基本假设：

① 假设地基土体和衬砌均为饱和各向同性均匀连续介质，土体和水不可压缩。

② 假设隧道无限长，为平面应变条件。

③ 假设为轴对称条件，应力、孔隙水压力分布均与 θ 无关。因此，不考虑土体和管片的自重。

④ 假设土体和管片的变形极小，即为小应变条件。

在图 5-5 所示模型中，土体区域共划分为弹性区和塑性区；其中弹性区根据应力大小进一步划分为四个区，其对应的渗透系数分别为 K_1，K_2，K_3，K_4，由此考虑应力对土体渗透系数的影响。塑性区、弹性Ⅰ区、弹性Ⅱ区、弹性Ⅲ区对应的半径分别为 r_p，r_{T1}，r_{T2}，r_{T3}。

在下文分析中设压应力、体积压缩变形、向内的隧道变形为正值。地下水向隧道内部的流速设定为正值。

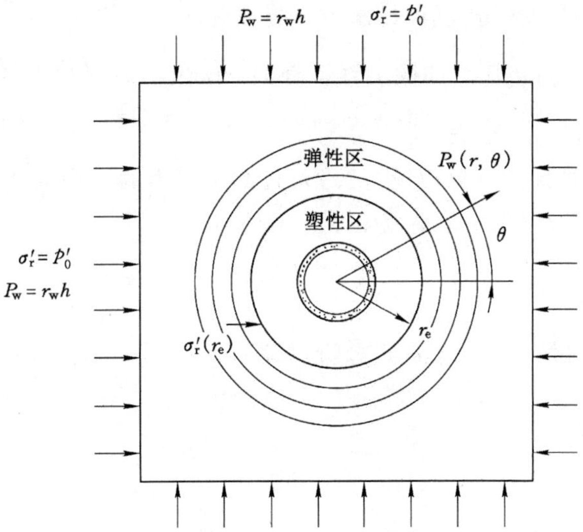

图 5-5 应力分析模型示意图

(2) 渗流分析模型

渗流分析模型如图 5-6 所示。本章主要分析稳态渗流情况下管片荷载的大小，因此为简化分析，对模型做了一些基本假设[154]，如下所述：

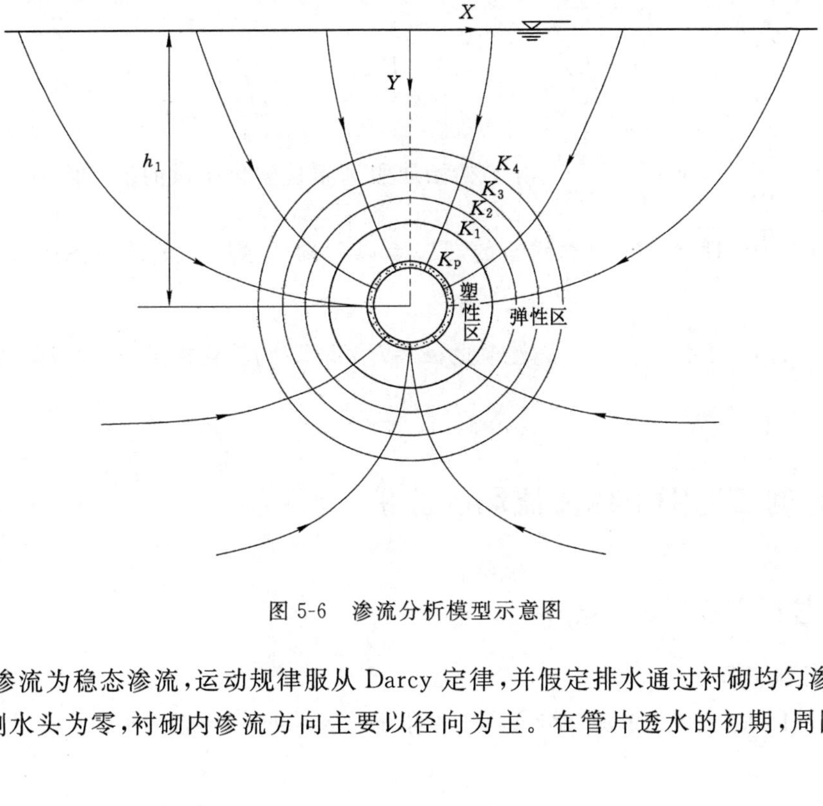

图 5-6 渗流分析模型示意图

① 渗流为稳态渗流，运动规律服从 Darcy 定律，并假定排水通过衬砌均匀渗水实现，隧洞内侧水头为零，衬砌内渗流方向主要以径向为主。在管片透水的初期，周围土体的

渗流可能不是稳态渗流，但随着渗流的持续发展，经过一定时间总是会发展到稳态渗流，本书主要分析发展至稳态渗流时的管片荷载变化大小。

② 远场地下水补给充分，隧洞排水不影响现有地下水位。

③ 水头梯度和孔隙水压之间的关系符合 Bernoulli 方程：$\left(\frac{p_w(r,\theta)}{r_w}+r\sin\theta=h_w(r,\theta)\right)$；其中 r_w 为水的重度，h_w 为水头值。

④ 弹性区和塑性区的边界假设为圆形，且此边界上的水头值相等。同时假设 r_e/h_1 足够小。假设水位高度不变，即 h_1 为恒值。

5.3.2 土体材料模型

土体采用应变软化材料模型进行分析，如图 5-7 所示。本构关系如式(5-3)所示：

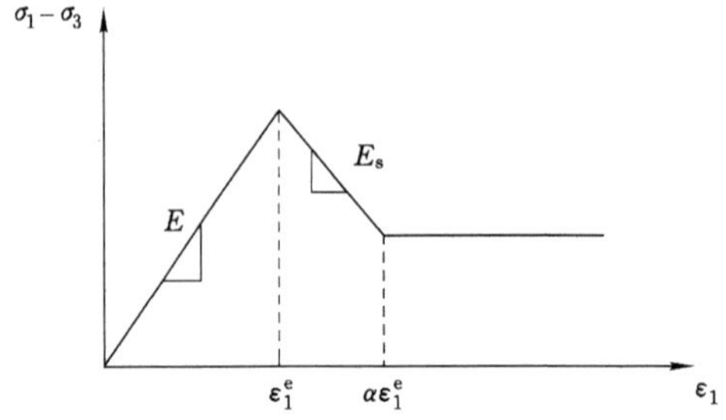

图 5-7　土体应力—应变关系曲线

$$\sigma_\theta=\begin{cases}E\varepsilon_\theta & (\varepsilon_1\leqslant\varepsilon_m)\\(1+\overline{E})(N\sigma_r+\sigma_q)-E_s\varepsilon & (\varepsilon_m\leqslant\varepsilon_1\leqslant\varepsilon_n)\\\sigma_{qr}+N_r\sigma_r & (\varepsilon_n\leqslant\varepsilon_1)\end{cases}\tag{5-3}$$

式中，$\varepsilon_m=\frac{\sigma_q+N\sigma_r}{E}$；$N=\frac{1+\sin\varphi_t}{1-\sin\varphi_t}$；$\varphi_t$ 为初始屈服到塑性软化阶段的统一内摩擦角；$N_r=\frac{1+\sin\varphi_{tr}}{1-\sin\varphi_{tr}}$；$\varphi_{tr}$ 为塑性软化向塑性残余的屈服点以后到残余阶段的统一内摩擦角；$\varepsilon_n=\beta\varepsilon_{10}^e+N\sigma_3/E$，$\beta=1+\frac{\int d\varepsilon_1^f}{\varepsilon_1^e}$；$\beta$ 为脆性模量；$\overline{E}=E_s/E$，E_s 为软化模量；σ_{qr} 为残余强度；σ_q 为峰值强度。

5.4 衬砌及周围土体渗流场的分析

5.4.1 控制方程和边界条件

(1) 控制方程

在 z 平面中，土体内渗流微分方程用直角坐标表示如式(5-4)所示：

$$\frac{\partial^2 \varphi_s}{\partial x^2} + \frac{\partial^2 \varphi_s}{\partial y^2} = 0 \tag{5-4}$$

式中，φ_s 为土体总水头，即压力水头和位势水头之和。

衬砌内渗流微分方程用极坐标表示如下：

$$\frac{\partial^2 \varphi_L}{\partial \rho^2} + \frac{1}{\rho}\frac{\partial \varphi_L}{\partial \rho} + \frac{1}{\rho^2}\frac{\partial \varphi_L}{\partial \theta^2} = 0$$

式中，φ_L 为衬砌总水头；ρ 为以隧道圆心为原点的极径，$r \leqslant \rho \leqslant R$；$\theta$ 是极角。

(2) 渗流边界条件

因为地表有压力水头 H，隧道内有压力水头 h_r，隧道内压力水头大于隧道内侧位势水头，隧道内侧位势水头为 h_0。所以边界条件如下式所示：

$$\varphi_{S(y=0)} = H + h$$

$$\varphi_{L(\rho=r)} = h_r$$

5.4.2 弹性Ⅳ区内渗流方程解析

采用变换式 $z = w(\zeta) = -ih\dfrac{1-\alpha^2}{1+\alpha^2}\dfrac{1+\zeta}{1-\zeta}$ 可将 z 平面内带圆形孔口的半无限介质映射为 ζ 平面内的内径为 a，外径为 1 的圆环，如图 5-8 所示，其中 $a = \dfrac{1}{r_L}(h - \sqrt{h^2 - r_L^2})$。根据边界条件的对称性，变换后渗流微分方程在 ζ 平面内可表示为下式[154]：

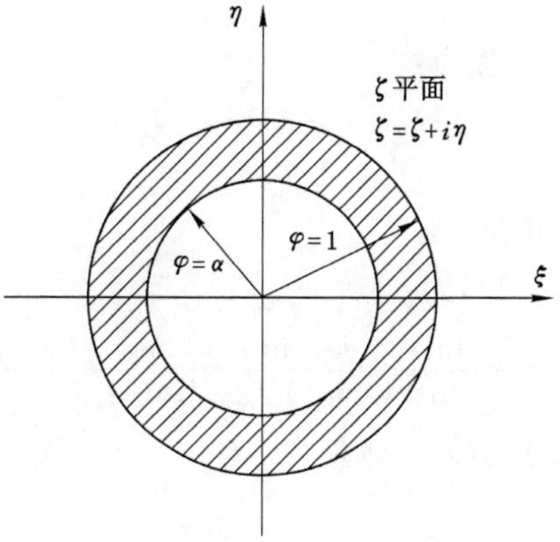

图 5-8 共形映射区域

$$\varphi_{T4} = C_1 + C_2 \operatorname{lin} \varphi + \sum_{n=1}^{\infty} (C_3 \varphi^{-n}) \cos n\beta \tag{5-5}$$

其中 C_1，C_2 是由边界条件决定的待定常数，而 C_3，C_4 是由边界条件决定的待定常数族，φ 是以隧道圆心为原点的极坐标系半径，$\varphi = \left|\dfrac{(1+a^2)(x+yi)+(1-a^2)hi}{(1+a^2)(x+yi)-(1-a^2)hi}\right|$，$i = \sqrt{-1}$。定义弹性Ⅳ区与弹性Ⅲ区交界面处水头为 h_3，ζ 平面下边界条件可表示为：

$$\varphi_{T4}(\varphi = 1) = H + h \tag{5-6}$$

$$\varphi_{T4}(\varphi = a) = h_{T3} \tag{5-7}$$

同时在 z 平面中，对于弹性Ⅲ区外边界条件可表示为：

$$\varphi_{T4}(\rho = r_{T3}) = \varphi_S(\varphi = a) = h_{T3} \tag{5-8}$$

将式(5-5)代入式(5-6)可得：

$$\varphi_{T4}(\varphi = 1) = C_1 + \sum_{n=1}^{\infty}(C_3 + C_4)\cos n\beta = H + h$$

比较系数得：

$$C_1 = H + h, C_3 = -C_4$$

将式(5-5)代入式(5-7)得：

$$\varphi_{T4}(\varphi = a) = H + h + C_2 \ln a + \sum_{n=1}^{\infty}(C_3 a^n + C_4 a^{-n})\cos n\beta = h_{T3}$$

最终得到土体内渗流方程解析解如下：

$$\varphi_{T4} = H + h + \frac{\ln\varphi}{\ln a}(h_{T3} - H - h) \tag{5-9}$$

弹性Ⅳ区与弹性Ⅲ区交界面处土体渗流量由隧道周边积分可得：

$$Q_{T4} = k_{T4}\int_0^{2\pi}\frac{\partial\varphi_{T4}}{\partial\varphi}\varphi \mathrm{d}\beta = \frac{2\pi k_{T4}}{\ln a}(h_{T3} - H - h) \tag{5-10}$$

5.4.3 弹性Ⅲ区、Ⅱ区、Ⅰ区渗流方程解析

(1) 弹性Ⅲ区

弹性Ⅲ区中渗流连续性方程为：

$$\frac{\partial^2\varphi_{T3}}{\partial\rho^2} + \frac{1}{\rho}\frac{\partial\varphi_{T3}}{\partial\rho} = 0$$

式中，φ_{T3} 为弹性Ⅲ区的水头函数。

若 h_{T3} 和 h_{T2} 已知，则 φ_{T3} 的解为：

$$\varphi_{T3} = \frac{h_{T2}\ln r_{T3} - h_{T3}\ln r_{T2}}{\ln(r_{T3}/r_{T2})} + \frac{h_{T3} - h_{T2}}{\ln(r_{T3}/r_{T2})}\ln\rho$$

弹性Ⅲ区与弹性Ⅳ区交界面处渗流量为：

$$Q_{T3} = k_{T3}\int_0^{2\pi}\frac{\partial\varphi_{T3}}{\partial\varphi}\varphi \mathrm{d}\beta = \frac{2\pi k_{T3}}{\ln(r_{T3}/r_{T2})}(h_{T3} - h_{T2})$$

(2) 弹性Ⅱ区

弹性Ⅱ区中渗流连续性方程为：

$$\frac{\partial^2\varphi_{T2}}{\partial\rho^2} + \frac{1}{\rho}\frac{\partial\varphi_{T2}}{\partial\rho} = 0$$

式中，φ_{T2} 表示弹性Ⅱ区的水头函数。

若 h_{T2} 和 h_{T1} 已知，则 φ_{T2} 的解为：

$$\varphi_{T2} = \frac{h_{T1}\ln r_{T2} - h_{T2}\ln r_{T1}}{\ln(r_{T2}/r_{T1})} + \frac{h_{T2} - h_{T1}}{\ln(r_{T2}/r_{T1})}\ln\rho$$

弹性Ⅱ区与弹性Ⅰ区交界面处渗流量为：

$$Q_{T2}=k_{T2}\int_0^{2\pi}\frac{\partial\varphi_{T2}}{\partial\varphi}\varphi\mathrm{d}\beta=\frac{2\pi k_{T2}}{\ln(r_{T2}/r_{T1})}(h_{T2}-h_{T1})$$

(3) 弹性Ⅰ区

弹性Ⅰ区中渗流连续性方程为：

$$\frac{\partial^2\varphi_{T1}}{\partial\rho^2}+\frac{1}{\rho}\frac{\partial\varphi_{T1}}{\partial\rho}=0$$

式中，φ_{T1}为弹性Ⅰ区的水头函数。

若 h_{T1}和 h_P 已知，则 φ_{T1}的解为：

$$\varphi_{T1}=\frac{h_P\ln r_{T1}-h_{T1}\ln r_P}{\ln(r_{T1}/r_P)}+\frac{h_{T1}-h_P}{\ln(r_{T1}/r_P)}\ln\rho$$

弹性Ⅰ区与塑性区交界面处渗流量为：

$$Q_{T1}=k_{T1}\int_0^{2\pi}\frac{\partial\varphi_{T1}}{\partial\varphi}\varphi\mathrm{d}\beta=\frac{2\pi k_{T1}}{\ln(r_{T1}/r_P)}(h_{T1}-h_P)$$

5.4.4　塑性区渗流方程的解析

塑性区中渗流连续性方程为：

$$\frac{\partial^2\varphi_P}{\partial\rho^2}+\frac{1}{\rho}\frac{\partial\varphi_P}{\partial\rho}=0$$

式中，φ_P 为塑性区的水头函数。

若 h_P 和 h_L 已知，则 φ_P 的解为：

$$\varphi_P=\frac{h_L\ln r_P-h_P\ln r_L}{\ln(r_P/r_L)}+\frac{h_P-h_L}{\ln(r_P/r_L)}\ln\rho$$

塑性区与管片交界面处渗流量为：

$$Q_P=k_P\int_0^{2\pi}\frac{\partial\varphi_P}{\partial\varphi}\varphi\mathrm{d}\beta=\frac{2\pi k_P}{\ln(r_P/r_L)}(h_P-h_L)$$

5.4.5　管片内渗流方程的解析

管片中渗流连续性方程为：

$$\frac{\partial^2\varphi_L}{\partial\rho^2}+\frac{1}{\rho}\frac{\partial\varphi_L}{\partial\rho}=0$$

式中，φ_L 为管片中的水头函数。

若 h_L 已知，则 φ_L 的解为：

$$\varphi_L=\frac{h_0\ln r_L-h_L\ln r_0}{\ln(r_L/r_0)}+\frac{h_L-h_0}{\ln(r_L/r_0)}\ln\rho$$

最终地下水向隧道内的渗流量为：

$$Q_L=k_L\int_0^{2\pi}\frac{\partial\varphi_L}{\partial\varphi}\varphi\mathrm{d}\beta=\frac{2\pi k_L}{\ln(r_L/r_0)}(h_L-h_0)$$

5.4.6 方程组联立求解

在各交界面处渗流量相等，因此：

$$Q_L = Q_P = Q_{T1} = Q_{T2} = Q_{T3} = Q_{T4}$$

若 r_P、r_{T1}、r_{T2}、r_{T3} 已知，则可根据上述联立方程组解得 h_L、h_P、h_{T1}、h_{T2}、h_{T3} 的值，从而最终确定渗流方程 φ_L、φ_P、φ_{T1}、φ_{T2}、φ_{T3}、φ_{T4}。

r_P、r_{T1}、r_{T2}、r_{T3} 的确定需结合下文的力学模型分析。

5.5 衬砌及周围土体应力和位移场的分析

5.5.1 土体弹性区应力和位移的求解

土体弹性区的平衡微分解析包括渗流平衡微分解析和边界力平衡微分解析，在弹性区土体直接将两者叠加即可得到总应力和总位移。

(1) 控制方程

轴对称情况下，考虑渗流的平衡微分方程为：

$$\frac{\mathrm{d}\sigma'_r}{\mathrm{d}r} - \frac{\sigma'_\theta - \sigma'_r}{r} + \frac{\mathrm{d}\varphi}{\mathrm{d}r} = 0 \tag{5-11}$$

式中，σ'_r 为径向有效应力；σ'_θ 为切向有效应力；φ 为孔隙水压力；i_w 为水头梯度。

在轴对称条件下，应变—位移方程为：

$$\varepsilon_\theta = -\frac{u_r}{r} \tag{5-12}$$

$$\varepsilon_r = -\frac{\mathrm{d}u_r}{\mathrm{d}r} \tag{5-13}$$

式中，u_r 为径向位移；u_θ 为切向位移；ε_r 为径向应变；ε_θ 为切向应变。

分析模型如图 5-5 所示，假设渗透力为轴对称分布，渗透力的作用边界为无穷大，因此，在模型边界上，假设孔隙水压力为 $r_w h_1$。

根据轴对称下的胡克定理，可得：

$$\sigma'_\theta = \frac{E_s}{(1+v_s)(1-2v_s)}[(1-v_s)\varepsilon_\theta + v_s\varepsilon_r] \tag{5-14}$$

$$\sigma'_r = \frac{E_s}{(1+v_s)(1-2v_s)}[(1-v_s)\varepsilon_r + v_s\varepsilon_\theta] \tag{5-15}$$

式中，E_s，v_s 分别是土体的弹性模量和泊松比。

将式(5-12)和式(5-13)代入式(5-11)并应用式(5-14)和式(5-15)可得以位移表示的平衡微分方程为：

$$-\frac{u_r}{r^2} + \frac{1}{r}\frac{\mathrm{d}u_r}{\mathrm{d}r} + \frac{\mathrm{d}^2 u_r}{\mathrm{d}r^2} = \frac{\mathrm{d}p_w}{\mathrm{d}r}\frac{(1+v_s)(1-2v_s)}{E_s(1-v_s)} \tag{5-16}$$

(2) 弹性Ⅳ区解析

① 渗流平衡方程解析

弹性Ⅳ区平衡微分方程为：

$$-\frac{u_{\mathrm{re4}}}{r^2}+\frac{1}{r}\frac{\mathrm{d}u_{\mathrm{re4}}}{\mathrm{d}r}+\frac{\mathrm{d}^2u_{\mathrm{re4}}}{\mathrm{d}r^2}=\frac{\mathrm{d}p_{\mathrm{we4}}}{\mathrm{d}r}\frac{(1+v_s)(1-2v_s)}{E_s(1-v_s)}$$

此方程的通解为：

$$u_{\mathrm{ure4}}^{\mathrm{SE}}=\frac{1}{3E_s(v_s-1)r}\left(\frac{\mathrm{d}p_{\mathrm{we4}}}{\mathrm{d}r}r^3v_s+2\frac{\mathrm{d}p_{\mathrm{we4}}}{\mathrm{d}r}r^3v_s^2-3C_1E_sr^2-3C_1E_sv_s-\right.$$
$$\left.3C_2E_sr^2+3C_2E_sv_s-\frac{\mathrm{d}p_{\mathrm{we4}}}{\mathrm{d}r}r^3+3C_1E_s+3C_1E_sv_sr^2-3C_2E_s+3C_2E_sv_sr^2\right)$$
(5-17)

式中，C_1、C_2 为积分常数。

应力为：

$$\sigma_{\theta e4}^{\mathrm{SE}}=-\frac{1}{3(1+v_s)(-1+2v_s)(-1+v_s)r^2}\left(3C_2E_s-3C_2E_sv_s-9C_2E_sv_sr^2+\right.$$
$$3C_1E_sv_s-4\frac{\mathrm{d}p_{\mathrm{we4}}}{\mathrm{d}r}r^3v_s+\frac{\mathrm{d}p_{\mathrm{we4}}}{\mathrm{d}r}r^3+\frac{\mathrm{d}p_{\mathrm{we4}}}{\mathrm{d}r}r^3v_s^2+3C_1E_sr^2+3C_2E_sr^2-$$
$$\left.3C_2E_s-9C_1E_sv_sr^2+6\frac{\mathrm{d}p_{\mathrm{we4}}}{\mathrm{d}r}r^3v_s^3+6C_1E_sv_s^2r^2+6C_2E_sv_s^2r^2\right)$$

$$\sigma_{\mathrm{re4}}^{\mathrm{SE}}=-\frac{1}{3(1+v_s)(-1+2v_s)(-1+v_s)r^2}\left(3C_2E_s-3C_2E_sv_s-9C_2E_sv_sr^2+\right.$$
$$3C_1E_sv_s-5\frac{\mathrm{d}p_{\mathrm{we4}}}{\mathrm{d}r}r^3v_s+2\frac{\mathrm{d}p_{\mathrm{we4}}}{\mathrm{d}r}r^3+\frac{\mathrm{d}p_{\mathrm{we4}}}{\mathrm{d}r}r^3v_s^2+3C_1E_sr^2+3C_2E_sr^2-$$
$$\left.3C_2E_s-9C_1E_sv_sr^2+6\frac{\mathrm{d}p_{\mathrm{we4}}}{\mathrm{d}r}r^3v_s^2+6C_1E_sv_s^2r^2+6C_2E_sv_s^2r^2\right)$$

在无穷远处，边界条件为：

$$u_{\mathrm{r}}^{\mathrm{SE}}(\infty)=0 \tag{5-18}$$

将式(5-17)代入式(5-18)，可得：

$$C_1+C_2=0 \tag{5-19}$$

② 内外边界力的平衡微分解析

此时没有体力作用，平衡微分方程为：

$$-\frac{u_{\mathrm{re4}}^{\mathrm{B}}}{r^2}+\frac{1}{r}\frac{\mathrm{d}u_{\mathrm{re4}}^{\mathrm{B}}}{\mathrm{d}r}+\frac{\mathrm{d}^2u_{\mathrm{re4}}^{\mathrm{B}}}{\mathrm{d}r^2}=0 \tag{5-20}$$

此方程的通解为：

$$u_{\mathrm{re4}}^{\mathrm{B}}=C'_1\frac{1}{r}+C'_2r$$

则应力为：

$$\sigma_{\theta e4}^{\mathrm{B}}=-\frac{E_s(-C'_1r^2+C'_1-C'_2r^2-C'_2+2v_sC'_1r^2+2v_sC'_2r^2)}{(1+v_s)(-1+2v_s)r^2} \tag{5-21}$$

$$\sigma_{\mathrm{re4}}^{B}=\frac{E_s(-C'_1r^2-C'_1-C'_2r^2+C'_2+2v_sC'_1r^2+2v_sC'_2r^2)}{(1+v_s)(-1+2v_s)r^2} \tag{5-22}$$

边界条件为：

$$\sigma_{\mathrm{r}}^{\theta}(\infty)=p_0 \tag{5-23}$$

$$\sigma_{\mathrm{re4}}^{\theta}(r_{\mathrm{e3}})=\sigma_{\mathrm{re3}}^{\theta}(r_{\mathrm{e3}}) \tag{5-24}$$

将式(5-22)代入式(5-23),可得:

$$C'_1+C'_2=0 \tag{5-25}$$

③ 两者叠加

$$u_{\mathrm{re4}}=u_{\mathrm{re4}}^{\mathrm{SE}}+u_{\mathrm{re4}}^{\mathrm{B}}$$

在弹性Ⅳ区和Ⅲ区边界上位移连续,可得:

$$u_{\mathrm{re4}}(r=r_{\mathrm{e3}})=u_{\mathrm{re3}}(r=r_{\mathrm{e3}})$$

(3) 弹性Ⅲ区

① 渗流平衡方程解析

弹性Ⅲ区的平衡微分方程为:

$$-\frac{u_{\mathrm{re3}}}{r^2}+\frac{1}{r}\frac{\mathrm{d}u_{\mathrm{re3}}}{\mathrm{d}r}+\frac{\mathrm{d}^2u_{\mathrm{re3}}}{\mathrm{d}r^2}=\frac{\mathrm{d}p_{\mathrm{we3}}}{\mathrm{d}r}\frac{(1+v_{\mathrm{s}})(1-2v_{\mathrm{s}})}{E_{\mathrm{s}}(1-v_{\mathrm{s}})}$$

方程的通解为:

$$u_{\mathrm{ure3}}^{\mathrm{SE}}=\frac{1}{3E_{\mathrm{s}}(v_{\mathrm{s}}-1)r}\Big(\frac{\mathrm{d}p_{\mathrm{we3}}}{\mathrm{d}r}r^3v_{\mathrm{s}}+2\frac{\mathrm{d}p_{\mathrm{we3}}}{\mathrm{d}r}r^3v_{\mathrm{s}}^2-3C_3E_{\mathrm{s}}r^2-3C_3E_{\mathrm{s}}v_{\mathrm{s}}-$$

$$3C_4E_{\mathrm{s}}r^2+3C_4E_{\mathrm{s}}v_{\mathrm{s}}-\frac{\mathrm{d}p_{\mathrm{we3}}}{\mathrm{d}r}r^3+3C_3E_{\mathrm{s}}+3C_3E_{\mathrm{s}}v_{\mathrm{s}}r^2-3C_4E_{\mathrm{s}}+3C_4E_{\mathrm{s}}v_{\mathrm{s}}r^2\Big)$$

应力为:

$$\sigma_{\theta\mathrm{e3}}^{\mathrm{SE}}=-\frac{1}{3(1+v_{\mathrm{s}})(-1+2v_{\mathrm{s}})(-1+v_{\mathrm{s}})r^2}\Big(3C_3E_{\mathrm{s}}-3C_4E_{\mathrm{s}}v_{\mathrm{s}}-9C_4E_{\mathrm{s}}v_{\mathrm{s}}r^2+$$

$$3C_3E_{\mathrm{s}}v_{\mathrm{s}}-4\frac{\mathrm{d}p_{\mathrm{we3}}}{\mathrm{d}r}r^3v_{\mathrm{s}}+\frac{\mathrm{d}p_{\mathrm{we3}}}{\mathrm{d}r}r^3+\frac{\mathrm{d}p_{\mathrm{we3}}}{\mathrm{d}r}r^3v_{\mathrm{s}}^2+3C_3E_{\mathrm{s}}r^2+3C_4E_{\mathrm{s}}r^2-$$

$$3C_4E_{\mathrm{s}}-9C_3E_{\mathrm{s}}v_{\mathrm{s}}r^2+6\frac{\mathrm{d}p_{\mathrm{we3}}}{\mathrm{d}r}r^3v_{\mathrm{s}}^3+6C_3E_{\mathrm{s}}v_{\mathrm{s}}^2r^2+6C_4E_{\mathrm{s}}v_{\mathrm{s}}^2r^2\Big)$$

$$\sigma_{\mathrm{re3}}^{\mathrm{SE}}=-\frac{1}{3(1+v_{\mathrm{s}})(-1+2v_{\mathrm{s}})(-1+v_{\mathrm{s}})r^2}\Big(3C_4E_{\mathrm{s}}-3C_4E_{\mathrm{s}}v_{\mathrm{s}}-9C_4E_{\mathrm{s}}v_{\mathrm{s}}r^2+$$

$$3C_3E_{\mathrm{s}}v_{\mathrm{s}}-5\frac{\mathrm{d}p_{\mathrm{we3}}}{\mathrm{d}r}r^3v_{\mathrm{s}}+2\frac{\mathrm{d}p_{\mathrm{we3}}}{\mathrm{d}r}r^3+\frac{\mathrm{d}p_{\mathrm{we3}}}{\mathrm{d}r}r^3v_{\mathrm{s}}^2+3C_3E_{\mathrm{s}}r^2+3C_4E_{\mathrm{s}}r^2-$$

$$3C_4E_{\mathrm{s}}-9C_3E_{\mathrm{s}}v_{\mathrm{s}}r^2+6\frac{\mathrm{d}p_{\mathrm{we3}}}{\mathrm{d}r}r^3v_{\mathrm{s}}^3+6C_3E_{\mathrm{s}}v_{\mathrm{s}}^2r^2+6C_4E_{\mathrm{s}}v_{\mathrm{s}}^2r^2\Big)$$

② 内外边界力的平衡微分解析

平衡微分方程为:

$$-\frac{u_{\mathrm{re3}}^{B}}{r^2}+\frac{1}{r}\frac{\mathrm{d}u_{\mathrm{re3}}^{B}}{\mathrm{d}r}+\frac{\mathrm{d}^2u_{\mathrm{re3}}^{B}}{\mathrm{d}r^2}=0$$

此方程的通解为:

$$u_{\mathrm{re3}}^{B}=C'_3\frac{1}{r}+C'_4r$$

则应力为:

$$\sigma_{\theta e3}^{B}=-\frac{E_s(-C'_3r^2+C'_3-C'_4r^2-C'_4+2v_sC'_3r^2+2v_sC'_4r^2)}{(1+v_s)(-1+2v_s)r^2}$$

$$\sigma_{re3}^{B}=\frac{E_s(-C'_3r^2-C'_3-C'_4r^2+C'_4+2v_sC'_3r^2+2v_sC'_4r^2)}{(1+v_s)(-1+2v_s)r^2}$$

③ 两者叠加

$$u_{re3}=u_{re3}^{SE}+u_{re3}^{B}$$

在弹性Ⅲ区和Ⅱ区边界上位移连续,可得:

$$u_{re3}(r=r_{e2})=u_{re2}(r=r_{e2})$$

在弹性Ⅲ区和Ⅱ区边界上应力相等,可得:

$$\sigma_{re3}^{\theta}(r_{e2})=\sigma_{re2}^{\theta}(r_{e2})$$

(4) 弹性Ⅱ区

与弹性Ⅲ区类似,可得如下解析结果。

① 渗流平衡方程解析

$$u_{ure2}^{SE}=\frac{1}{3E_s(v_s-1)r}\Big(\frac{dp_{we2}}{dr}r^3v_s+2\frac{dp_{we2}}{dr}r^3v_s^2-3C_5E_sr^2-3C_5E_sv_s-3C_6E_sr^2+3C_6E_sv_s-\frac{dp_{we2}}{dr}r^3+3C_5E_s+3C_5E_sv_sr^2-3C_5E_s+3C_6E_sv_sr^2\Big)$$

$$\sigma_{\theta e2}^{SE}=-\frac{1}{3(1+v_s)(-1+2v_s)(-1+v_s)r^2}\Big(3C_5E_s-3C_6E_sv_s-9C_6E_sv_sr^2+3C_5E_sv_s-4\frac{dp_{we2}}{dr}r^3v_s+\frac{dp_{we2}}{dr}r^3+\frac{dp_{we2}}{dr}r^3v_s^2+3C_5E_sr^2+3C_6E_sr^2-3C_6E_s-9C_5E_sv_sr^2+6\frac{dp_{we5}}{dr}r^3v_s^3+6C_5E_sv_s^2r^2+6C_6E_sv_s^2r^2\Big)$$

$$\sigma_{re2}^{SE}=-\frac{1}{3(1+v_s)(-1+2v_s)(-1+v_s)r^2}\Big(3C_6E_s-3C_6E_sv_s-9C_6E_sv_sr^2+3C_5E_sv_s-5\frac{dp_{we2}}{dr}r^3v_s+2\frac{dp_{we2}}{dr}r^3+\frac{dp_{we2}}{dr}r^3v_s^2+3C_5E_sr^2+3C_6E_sr^2-3C_6E_s-9C_5E_sv_sr^2+6\frac{dp_{we2}}{dr}r^3v_s^3+6C_5E_sv_s^2r^2+6C_6E_sv_s^2r^2\Big)$$

② 内外边界力的平衡微分解析

$$u_{re2}^{B}=C'_5\frac{1}{r}+C'_6r$$

$$\sigma_{\theta e2}^{B}=-\frac{E_s(-C'_5r^2+C'_5-C'_6r^2-C'_6+2v_sC'_5r^2+2v_sC'_6r^2)}{(1+v_s)(-1+2v_s)r^2}$$

$$\sigma_{re2}^{B}=\frac{E_s(-C'_5r^2-C'_5-C'_6r^2+C'_6+2v_sC'_5r^2+2v_sC'_6r^2)}{(1+v_s)(-1+2v_s)r^2}$$

③ 两者叠加

$$u_{re2}=u_{re2}^{SE}+u_{re2}^{B}$$

在弹性Ⅱ区和Ⅰ区边界上位移连续,可得:

$$u_{re2}(r=r_{e1})=u_{re1}(r=r_{e1})$$

在弹性Ⅱ区和Ⅰ区边界上应力相等，可得：

$$\sigma_{\mathrm{re2}}^{\theta}(r_{\mathrm{e1}})=\sigma_{\mathrm{re1}}^{\theta}(r_{\mathrm{e1}})$$

(5) 弹性Ⅰ区

与弹性Ⅲ区类似，可得如下解析结果。

① 渗流平衡方程解析

$$u_{\mathrm{ure1}}^{\mathrm{SE}}=\frac{1}{3E_{\mathrm{s}}(v_{\mathrm{s}}-1)r}\Big(\frac{\mathrm{d}p_{\mathrm{we1}}}{\mathrm{d}r}r^3v_{\mathrm{s}}+2\frac{\mathrm{d}p_{\mathrm{we1}}}{\mathrm{d}r}r^3v_{\mathrm{s}}^2-3C_7E_{\mathrm{s}}r^2-3C_7E_{\mathrm{s}}v_{\mathrm{s}}-3C_8E_{\mathrm{s}}r^2+3C_8E_{\mathrm{s}}v_{\mathrm{s}}-\frac{\mathrm{d}p_{\mathrm{we1}}}{\mathrm{d}r}r^3+3C_7E_{\mathrm{s}}+3C_7E_{\mathrm{s}}v_{\mathrm{s}}r^2-3C_7E_{\mathrm{s}}+3C_8E_{\mathrm{s}}v_{\mathrm{s}}r^2\Big)$$

$$\sigma_{\theta\mathrm{e1}}^{\mathrm{SE}}=-\frac{1}{3(1+v_{\mathrm{s}})(-1+2v_{\mathrm{s}})(-1+v_{\mathrm{s}})r^2}\Big(3C_7E_{\mathrm{s}}-3C_8E_{\mathrm{s}}v_{\mathrm{s}}-9C_8E_{\mathrm{s}}v_{\mathrm{s}}r^2+3C_7E_{\mathrm{s}}v_{\mathrm{s}}-4\frac{\mathrm{d}p_{\mathrm{we1}}}{\mathrm{d}r}r^3v_{\mathrm{s}}+\frac{\mathrm{d}p_{\mathrm{we1}}}{\mathrm{d}r}r^3+\frac{\mathrm{d}p_{\mathrm{we1}}}{\mathrm{d}r}r^3v_{\mathrm{s}}^2+3C_7E_{\mathrm{s}}r^2+3C_8E_{\mathrm{s}}r^2-3C_8E_{\mathrm{s}}-9C_7E_{\mathrm{s}}v_{\mathrm{s}}r^2+6\frac{\mathrm{d}p_{\mathrm{we1}}}{\mathrm{d}r}r^3v_{\mathrm{s}}^3+6C_7E_{\mathrm{s}}v_{\mathrm{s}}^2r^2+6C_8E_{\mathrm{s}}v_{\mathrm{s}}^2r^2\Big)$$

$$\sigma_{\mathrm{re1}}^{\mathrm{SE}}=-\frac{1}{3(1+v_{\mathrm{s}})(-1+2v_{\mathrm{s}})(-1+v_{\mathrm{s}})r^2}\Big(3C_8E_{\mathrm{s}}-3C_8E_{\mathrm{s}}v_{\mathrm{s}}-9C_8E_{\mathrm{s}}v_{\mathrm{s}}r^2+3C_7E_{\mathrm{s}}v_{\mathrm{s}}-5\frac{\mathrm{d}p_{\mathrm{we1}}}{\mathrm{d}r}r^3v_{\mathrm{s}}+2\frac{\mathrm{d}p_{\mathrm{we1}}}{\mathrm{d}r}r^3+\frac{\mathrm{d}p_{\mathrm{we1}}}{\mathrm{d}r}r^3v_{\mathrm{s}}^2+3C_7E_{\mathrm{s}}r^2+3C_8E_{\mathrm{s}}r^2-3C_8E_{\mathrm{s}}-9C_7E_{\mathrm{s}}v_{\mathrm{s}}r^2+6\frac{\mathrm{d}p_{\mathrm{we1}}}{\mathrm{d}r}r^3v_{\mathrm{s}}^3+6C_7E_{\mathrm{s}}v_{\mathrm{s}}^2r^2+6C_8E_{\mathrm{s}}v_{\mathrm{s}}^2r^2\Big)$$

② 内外边界力的平衡微分解析

$$u_{\mathrm{re1}}^{B}=C'_7\,\frac{1}{r}+C'_8r$$

$$\sigma_{\theta\mathrm{e1}}^{B}=-\frac{E_{\mathrm{s}}(-C'_7r^2+C'_7-C'_8r^2-C'_8+2v_{\mathrm{s}}C'_7r^2+2v_{\mathrm{s}}C'_8r^2)}{(1+v_{\mathrm{s}})(-1+2v_{\mathrm{s}})r^2}$$

$$\sigma_{\mathrm{re1}}^{B}=\frac{E_{\mathrm{s}}(-C'_7r^2-C'_7-C'_8r^2+C'_8+2v_{\mathrm{s}}C'_7r^2+2v_{\mathrm{s}}C'_8r^2)}{(1+v_{\mathrm{s}})(-1+2v_{\mathrm{s}})r^2}$$

③ 两者叠加

$$u_{\mathrm{re1}}=u_{\mathrm{re1}}^{\mathrm{SE}}+u_{\mathrm{re1}}^{B}$$

在弹性Ⅰ区和塑性区边界上位移连续，可得：

$$u_{\mathrm{re1}}(r=r_{\mathrm{p2}})=u_{\mathrm{rp2}}(r=r_{\mathrm{p2}})$$

在弹性Ⅰ区和塑性区边界上应力相等，可得：

$$\sigma_{\mathrm{re1}}^{\theta}(r_{\mathrm{p2}})=\sigma_{\mathrm{p2}}^{\theta}(r_{\mathrm{p2}})$$

同时，在弹塑性边界上需满足塑性屈服准则：

$$\sigma_{\theta\mathrm{e1}}(r=r_{\mathrm{p2}})=D_1\sigma_{\mathrm{re1}}(r=r_{\mathrm{p2}})+D_{2r3}$$

5.5.2 土体塑性区应力和位移的解析

(1) 塑性软化区

假设塑性软化区围岩体积应变为0，则：

$$\frac{\mathrm{d}u_{\mathrm{rp2}}}{\mathrm{d}r}+\frac{u_{\mathrm{rp2}}}{r}=0$$

解得：

$$u_{\mathrm{rp2}}=\frac{C_9}{r}$$

式中，C_9 为积分常数。

根据土体软化本构关系，在塑性软化区，有：

$$c=c_0+\overline{E}_{\mathrm{d}}\varepsilon_{\theta\mathrm{p2}}(\frac{r_{\mathrm{p2}}^2}{r^2}-1) \tag{5-26}$$

据考虑中间主应力影响的双剪统一强度屈服条件：

$$\sigma_{\theta\mathrm{p2}}=D_1\sigma_{\mathrm{rp2}}+D_{2r}=D_1\sigma_{\mathrm{rp2}}-\frac{2(1+b)c\cos\varphi}{(1+b+b\mu_{\mathrm{d}})(1-\sin\varphi)-2b\mu_{\mathrm{d}}} \tag{5-27}$$

将式(5-26)代入式(5-27)得：

$$\sigma_{\theta\mathrm{p2}}=D_1\sigma_{\mathrm{rp2}}-\frac{2(1+b)\cos\varphi}{(1+b+b\mu_{\mathrm{d}})(1-\sin\varphi)-2b\mu_{\mathrm{d}}}\left[c_0+\overline{E}_{\mathrm{d}}\varepsilon_{\theta\mathrm{p2}}\left(\frac{r_{\mathrm{p2}}^2}{r^2}-1\right)\right]$$

式中，$\varepsilon_{\theta\mathrm{p2}}=-\frac{u_{\mathrm{rp2}}}{r}=-\frac{C_9}{r^2}$，因此：

$$\sigma_{\theta\mathrm{p2}}=D_1\sigma_{\mathrm{rp2}}-\frac{2(1+b)\cos\varphi}{(1+b+b\mu_{\mathrm{d}})(1-\sin\varphi)-2b\mu_{\mathrm{d}}}\left[c_0-\overline{E}_{\mathrm{d}}\left(\frac{r_{\mathrm{p2}}^2}{r^2}-1\right)\frac{C_9}{r^2}\right] \tag{5-28}$$

将式(5-28)代入平衡微分方程，得：

$$\frac{\mathrm{d}\sigma_{\mathrm{rp2}}}{\mathrm{d}r}-\frac{\sigma_{\theta\mathrm{p2}}-\sigma_{\mathrm{rp2}}}{r}+\frac{\mathrm{d}\varphi_{\mathrm{p2}}}{\mathrm{d}r}=0$$

由此得：

$$\sigma_{\mathrm{rp2}}=D_1\left(\sigma_{\theta\mathrm{p2}}-1/2\,\frac{\mathrm{d}\varphi_{\mathrm{p2}}}{\mathrm{d}r}r+\frac{C_1}{r}\right)-(2+2b)\cos\varphi\left[c_0-\overline{E}_{\mathrm{s}}\left(\frac{r_{\mathrm{p2}}^2}{r^2}-1\right)\frac{C_9}{r^2}\right]$$

$$[(1+b+b\mu_{\mathrm{s}})(1-\sin\varphi)-2b\mu_{\mathrm{s}}]-1-1/2\,\frac{\mathrm{d}\varphi_{\mathrm{p2}}}{\mathrm{d}r}r+\frac{C_1}{r} \tag{5-29}$$

据围岩在塑性软化区与塑性流动区界面处位移和径向应力连续，可得：

$$u_{\mathrm{rp2}}(r=r_{\mathrm{p1}})=u_{\mathrm{rp1}}(r=r_{\mathrm{p1}})$$

$$\sigma_{\mathrm{rp2}}(r=r_{\mathrm{p1}})=\sigma_{\mathrm{rp1}}(r=r_{\mathrm{p1}})$$

(2) 塑性流动区

塑性流动状态围岩体积应变为 0，因此可得其位移为：

$$u_{\mathrm{rp1}}=\frac{C_{10}}{r}$$

式中，C_{10} 为积分常数。

塑性流动区土体的屈服条件为：

$$\sigma_{\theta\mathrm{p1}}=D_1\sigma_{\mathrm{rp1}}+D_{2r2}$$

将上式代入平衡微分方程，得：

$$\frac{\mathrm{d}\sigma_{\mathrm{rp1}}}{\mathrm{d}r}-\frac{\sigma_{\theta\mathrm{p1}}-\sigma_{\mathrm{rp1}}}{r}+\frac{\mathrm{d}\varphi_{\mathrm{p1}}}{\mathrm{d}r}=0$$

$$\sigma_{rp1}=-\frac{2D_{2r2}r-\dfrac{d\varphi_{p1}}{d\ r}r^2+2C_1}{2r(D_1-1)} \tag{5-30}$$

根据屈服条件可得：

$$\sigma_{\theta p1}=D_1\frac{2D_{2r2}r-\dfrac{d\varphi_{p1}}{d\ r}r^2+2C_1}{2r(D_1-1)}+D_{2r2} \tag{5-31}$$

边界条件为：

当 $r=r_{p1}$ 时有 $c=c^*$，

$$\left(\frac{r_{p2}}{r_{p1}}\right)^2=\frac{c^*+\overline{E}_d\varepsilon_{\theta rp2}}{\overline{E}_d\varepsilon_{\theta rp2}}$$

在塑性流动区与管片交界面处的位移和径向应力连续，得：

$$u_{rp1}(r=r_L)=u_L(r=r_L)$$

$$\sigma_{rp1}(r=r_L)=\sigma_L(r=r_L)$$

对于塑性区的求解，首先计算出弹性区在内半径 r_{p2} 处所受均匀压力 p_{2p} 与围岩半径 r_{p2} 间的关系式；然后，将所得 p_{2p} 与 r_{p2} 间的关系式代入式(5-29)，算出隧道围岩塑性流动区在内半径 r_{p1} 处所受均匀内压力 p_{1p} 与围岩半径 r_{p2} 间的关系式。最后，将所得 p_{2p} 与 r_{p2} 间的关系式、p_{2p} 与 r_{p1} 间的关系式代入式(5-31)，则可求算出隧道围岩内半径的 r_{p2} 值，进而可分别求算 r_{p1}、隧道围岩弹性区、塑性软化区、塑性流动区及隧道衬砌的应力、位移值。

5.5.3 管片应力和位移的解析

假设管片处于弹性状态，则其应力和位移的解析同样采用叠加原理，即分别计算渗流和边界力平衡微分解析，之后将两者叠加即可。

管片区域的平衡微分方程为：

$$-\frac{u_{rL}}{r^2}+\frac{1}{r}\frac{du_{rL}}{dr}+\frac{d^2u_{rL}}{dr^2}=\frac{dp_{wL}}{dr}\frac{(1+v_L)(1-2v_L)}{E_L(1-v_L)}$$

此方程的通解为：

$$u_{rL}^{SE}=\frac{1}{3E_L(v_L-1)r}\Big(\frac{dp_{wL}}{dr}r^3v_L+2\frac{dp_{wL}}{dr}r^3v_L^2-3C_{11}E_Lr^2-3C_{11}E_Lv_L-3C_{12}E_Lr^2+3C_{12}E_Lv_L-\frac{dp_{wL}}{dr}r^3+3C_{11}E_L+3C_{11}E_Lv_Lr^2-3C_{12}E_L+3C_{12}E_Lv_Lr^2\Big)$$

$$\sigma_{\theta L}^{SE}=-\frac{1}{3(1+v_s)(-1+2v_s)(-1+v_s)r^2}\Big(3C_{11}E_s-3C_{12}E_sv_s-9C_{12}E_sv_sr^2+3C_{11}E_sv_s-4\frac{dp_{wL}}{dr}r^3v_s+\frac{dp_{wL}}{dr}r^3+\frac{dp_{wL}}{dr}r^3v_s^2+3C_{11}E_sr^2+3C_{12}E_sr^2-3C_{12}E_s-9C_{11}E_sv_sr^2+6\frac{dp_{wL}}{dr}r^3v_s^3+6C_{11}E_sv_s^2r^2+6C_{12}E_sv_s^2r^2\Big)$$

$$\sigma_{rL}^{SE}=-\frac{1}{3(1+v_s)(-1+2v_s)(-1+v_s)r^2}\Big(3C_{12}E_s-3C_{12}E_sv_s-9C_{12}E_sv_sr^2+3C_{11}E_sv_s-5\frac{dp_{wL}}{dr}r^3v_s+2\frac{dp_{wL}}{dr}r^3+\frac{dp_{wL}}{dr}r^3v_s^2+3C_{11}E_sr^2+3C_{12}E_sr^2-$$

$$3C_{12}E_s-9C_{11}E_s v_s r^2+6\frac{\mathrm{d}p_{\mathrm{wL}}}{\mathrm{d}r}r^3 v_s^3+6C_{11}E_s v_s^2 r^2+6C_{12}E_s v_s^2 r^2)$$

内外边界力产生的位移：

此时没有体力作用，平衡微分方程为：

$$-\frac{u_{\mathrm{rL}}^{\mathrm{B}}}{r^2}+\frac{1}{r}\frac{\mathrm{d}u_{\mathrm{rL}}^{B}}{\mathrm{d}r}+\frac{\mathrm{d}^2 u_{\mathrm{rL}}^{B}}{\mathrm{d}r^2}=0$$

此方程的通解为：

$$u_{\mathrm{rL}}^{\mathrm{B}}=C'_{11}\frac{1}{r}+C'_{12}r$$

则应力为：

$$\sigma_{\theta\mathrm{L}}^{\mathrm{B}}=-\frac{E_{\mathrm{L}}(-C'_{11}r^2+C'_{11}-C'_{12}r^2-C'_{12}+2v_{\mathrm{L}}C'_{11}r^2+2v_{\mathrm{L}}C'_{12}r^2)}{(1+v_{\mathrm{L}})(-1+2v_{\mathrm{L}})r^2}$$

$$\sigma_{\mathrm{rL}}^{\mathrm{B}}=\frac{E_{\mathrm{L}}(-C'_{11}r^2-C'_{11}-C'_{12}r^2+C'_{12}+2v_{\mathrm{L}}C'_{11}r^2+2v_{\mathrm{L}}C'_{12}r^2)}{(1+v_{\mathrm{L}})(-1+2v_{\mathrm{L}})r^2}$$

边界条件为：

$$\sigma_{\mathrm{rL}}(r_{\mathrm{L}})=\sigma_{\mathrm{rp1}}(r_{\mathrm{L}})$$

$$\sigma_{\mathrm{rL}}(r_0)=0$$

管片与土体之间接触面处的位移边界条件为：

$$u_{\mathrm{rL}}(r_0)+\delta u_{\mathrm{a}}=u_{\mathrm{rS}}(r_0)$$

式中，$u_{\mathrm{rL}}(r_0)$为管片在外表面的位移；$u_{rS}(r_0)$为由于开挖产生的土体在与管片接触面处的位移；δu_{a} 为管片支护之间的土体位移。

5.6　衬砌及周围土体应力和位移的流固耦合分析

5.6.1　流固耦合计算方法

(1) 计算方法

前文分别针对渗流场、应力位移场进行了解析，由分析过程可知，两者的结合点在于各分区边界的确定，即两者均对 r_{P}、r_{T1}、r_{T2}、r_{T3} 的取值具有影响；而这些值又对渗流场和应力场会产生影响。由此将渗流计算和应力计算之间建立流固耦合的计算关系，如图 5-9所示。

根据图 5-9 所示计算方法，制定详细的计算过程，如下所述：

① 不考虑渗流的影响，计算没有渗流情况下的应力和变形。

② 根据计算得到的应力结果，计算土体孔隙比的值，进而确定各分区的范围以及各分区的渗透系数，从而计算得到渗流情况下的水头函数。

③ 将水头函数代入到第①步中的渗流平衡微分方程中，进而计算得到渗流情况下的应力。

④ 根据第③步计算得到的土体应力大小修正土体渗透系数，即修正 r_{P}、r_{T1}、r_{T2}、r_{T3}

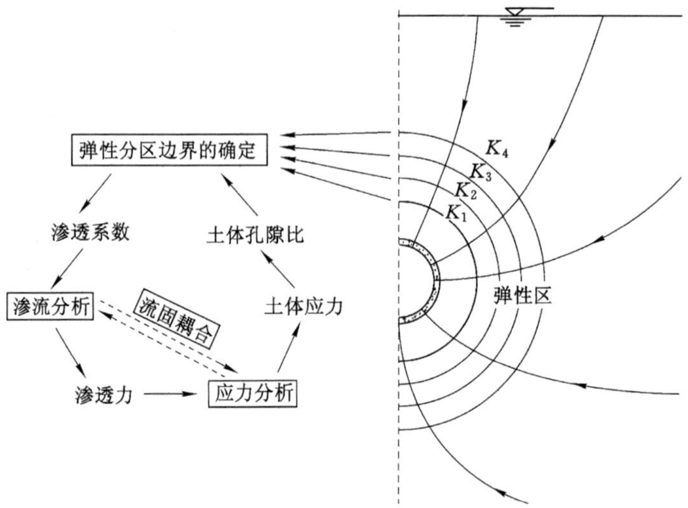

图 5-9　流固耦合计算方法示意图

等值的大小，以及相应稳态渗流时的水头函数，再进行第③步的计算。

⑤ 不断循环进行第②步、第③步、第④步的计算过程，当土体渗透系数的改变值小于一定范围时停止计算，最终得到考虑土体渗透系数变化的稳态渗流计算结果。

⑥ 计算第⑤步结果中的土体变形和位移，以及管片所受到的荷载。

本书通过采用 MATLAB 编写程序实现上述计算过程。

(2) 方程组可解性的讨论

前文所述方程组的边界条件包括如下方面：

① 应力在各边界上连续：

$$\sigma_{rp1}(r=r_L)=\sigma_L(r=r_L) \qquad \sigma_{re1}(r_{e1})=\sigma_{re2}(r_{e1})$$

$$\sigma_{rp2}(r=r_{p1})=\sigma_{rp1}(r=r_{p1}) \qquad \sigma_{re3}(r_{e2})=\sigma_{re2}(r_{e2})$$

$$\sigma_{re1}(r_{p2})=\sigma_{p2}(r_{p2}) \qquad \sigma_{re4}(r_{e3})=\sigma_{re3}(r_{e3})$$

② 在管片内表面无荷载作用，因此：

$$\sigma_{rL}(r_0)=0$$

③ 在无穷远处的外荷载为 p_0：

$$\sigma_r^\theta(\infty)=p_0$$

④ 在各边界上位移连续，可得：

$$u_{rp1}(r=r_L)=u_L(r=r_L) \qquad u_{re1}(r_{e1})=u_{re2}(r_{e1})$$

$$u_{rp2}(r=r_{p1})=u_{rp1}(r=r_{p1}) \qquad u_{re3}(r_{e2})=u_{re2}(r_{e2})$$

$$u_{re1}(r_{p2})=u_{p2}(r_{p2}) \qquad u_{re4}(r_{e3})=u_{re3}(r_{e3})$$

以上共 14 个边界方程，因此可以求解 14 个独立未知量。

5.6.2 算例分析

5.6.2.1 算例工程概况

为详细说明流固耦合计算过程，特给出工程算例。取某隧道埋深 $h=15$ m，直径为 6 m，土体重度 $\gamma=20$ kN/m^3，水压力 $P_0=0.8$ MPa；土体物理力学参数为：$E_s=\overline{E}_s=50$ MPa，$\mu_s=0.3$，$c=20$ kPa，$c^*=5$ kPa，$\varphi=30°$，$k_s=1\times10^{-6}$ m/s，$b=0.5$，初始孔隙比 $e_0=0.3$；管片的物理力学参数为：$r_0=3$ m，$r_L=3.35$ m，$E_L=3.0\times10^4$ MPa，$\mu_L=0.15$，$k_L=1\times10^{-5}$ m/s。

采用文献[153]中得到的孔隙比与渗透系数 k 之间的关系曲线（图 5-3）进行计算，土体渗透系数与孔隙比关系参数取值如下所示，其中 K_p 为塑性区渗透系数。

$0.59<e\leqslant0.6$　　$K_1=2.5\times10^{-4}$ m/s

$0.58<e\leqslant0.59$　　$K_2=2.0\times10^{-4}$ m/s

$0.57<e\leqslant0.58$　　$K_3=1.5\times10^{-4}$ m/s

$0.56<e\leqslant0.57$　　$K_4=1.0\times10^{-4}$ m/s

$K_p=4\times10^{-5}$ m/s

5.6.2.2 计算过程及结果

计算过程共分为六个步骤，如下文所述。

(1) 不考虑渗流情况下计算应力场

初次计算首先给出各分区边界假设值，即 $r_{e1}=r_L+2r_0$，$r_{e2}=r_L+2.5r_0$，$r_{e3}=r_L+3r_0$，由此根据前述公式计算可得各分区的位移和应力。

弹性Ⅳ区的位移和应力计算结果如下所示：

$$u_{re4}^{B}=C'_1\frac{1}{r}+C'_2r$$

$$\sigma_{\theta e4}=-\frac{250\ 000\ 000}{13}\times\frac{2C'_1r^2-5C'_1+2C'_2r^2+5C'_2}{r^2}$$

$$\sigma_{re4}=\frac{250\ 000\ 000}{13}\times\frac{2C'_1r^2+5C'_1+2C'_2r^2-5C'_2}{r^2}$$

塑性软化区的位移和应力如下所述：

$$u_{rp2}=\frac{C_9}{r}$$

$$\sigma_{rp2}=-6.185\ 9\times10^4+6.25\times10^7\ \frac{\times\sqrt{3}C_9}{r^4}-4\times10^7\times\frac{\times\sqrt{3}C_9}{r^2}+r^3C_{10}$$

$$\sigma_{\theta p2}=219\ 318-187\ 500\ 000\times\sqrt{3}C_9r^{-4}+30\ 000\ 000\sqrt{3}C_9r^{-2}+3.54r^2C_{10}+90\ 909\times\sqrt{3}r^4$$

根据应力计算结果绘制隧道一侧土体环形应力和径向应力如图 5-10 所示。

根据环向应力和径向应力计算得到土体的孔隙比分布如图 5-11 所示，从而可根据孔隙比—渗透系数曲线确定土体的渗透系数取值。

(2) 确定土体渗透系数取值

据孔隙比的大小确定土体的渗透系数取值如图 5-11 所示。由此，弹性分区的大小分别为：$r_{T1}=4.5\ \text{m}$、$r_{T2}=5.5\ \text{m}$、$r_{T3}=9.3\ \text{m}$。

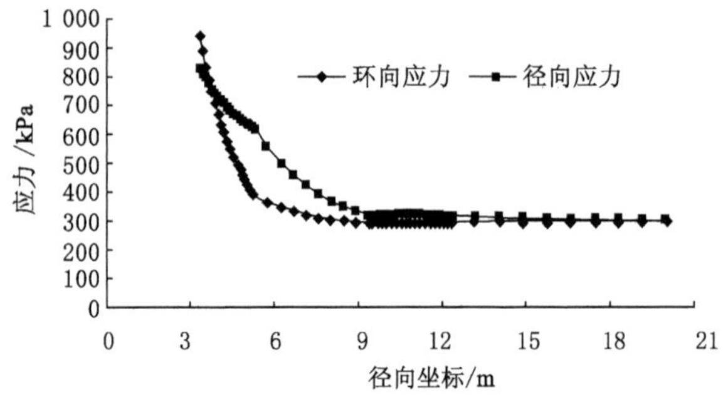

图 5-10　隧道周围土体环向应力和径向应力分布曲线

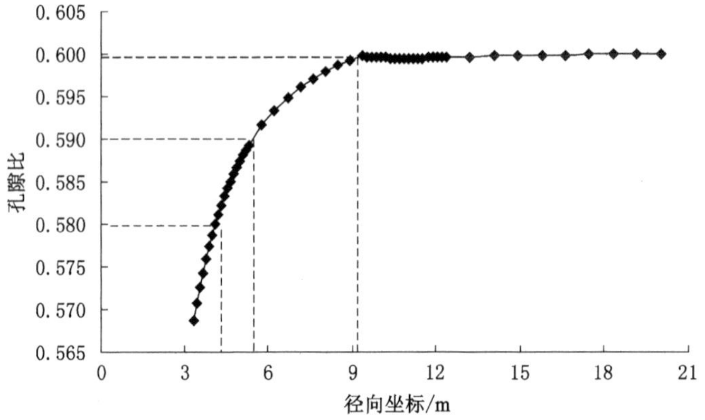

图 5-11　土体孔隙比分布示意图

(3) 计算渗流场的分布

土体渗透系数取值确定后，即可得到各分区的水头函数，根据各分区交界面处渗流量相等和水头相等，可建立联立方程组如式(5-32)所示：

$$\begin{cases}\dfrac{2\pi k_{T4}}{\ln a}(h_{T3}-H-h)=\dfrac{2\pi k_{T3}}{\ln(r_{T3}/r_{T2})}(h_{T3}-h_{T2})\\[2ex]\dfrac{2\pi k_{T3}}{\ln(r_{T3}/r_{T2})}(h_{T3}-h_{T2})=\dfrac{2\pi k_{T2}}{\ln(r_{T2}/r_{T1})}(h_{T2}-h_{T1})\\[2ex]\dfrac{2\pi k_{T2}}{\ln(r_{T2}/r_{T1})}(h_{T2}-h_{T1})=\dfrac{2\pi k_{T1}}{\ln(r_{T1}/r_{P})}(h_{T1}-h_{P})\\[2ex]\dfrac{2\pi k_{T1}}{\ln(r_{T1}/r_{P})}(h_{T1}-h_{P})=\dfrac{2\pi k_{P}}{\ln(r_{P}/r_{L})}(h_{P}-h_{L})\\[2ex]\dfrac{2\pi k_{P}}{\ln(r_{P}/r_{L})}(h_{P}-h_{L})=\dfrac{2\pi k_{L}}{\ln(r_{L}/r_{0})}(h_{L}-h_{0})\\[2ex]h_{0}=0\end{cases}\tag{5-32}$$

解上述方程组可得：

$$\begin{cases} h_{T1}=10.05\ \text{m} \\ h_{T2}=10.85\ \text{m} \\ h_{T3}=13.77\ \text{m} \\ h_{P}=9.58\ \text{m} \\ h_{L}=5.67\ \text{m} \end{cases}$$

根据上述交界面处水头计算结果可得各分区的水头函数如式(5-33)所述：

$$\begin{cases} \varphi_L = \dfrac{5.67\ln 3}{\ln 1.12} + \dfrac{5.67}{\ln 1.12}\ln r \\ \varphi_p = \dfrac{5.67\ln 4.35 - 9.58\ln 3.35}{\ln 1.30} + \dfrac{3.91}{\ln 1.30}\ln r \\ \varphi_{T1} = \dfrac{9.58\ln 4.5 - 10.05\ln 4.35}{\ln 1.03} + \dfrac{0.47}{\ln 1.03}\ln r \\ \varphi_{T2} = \dfrac{10.05\ln 5.5 - 10.85\ln 4.5}{\ln 1.22} + \dfrac{0.8}{\ln 1.22}\ln r \\ \varphi_{T3} = \dfrac{10.85\ln 9.3 - 10.05\ln 5.5}{\ln 1.69} + \dfrac{2.92}{\ln 1.69}\ln r \\ \varphi_{T4} = 15 - 4.95\dfrac{\ln \varphi}{\ln a} \end{cases} \tag{5-33}$$

根据上式绘制隧道一侧孔压分布曲线如图 5-12 所示。

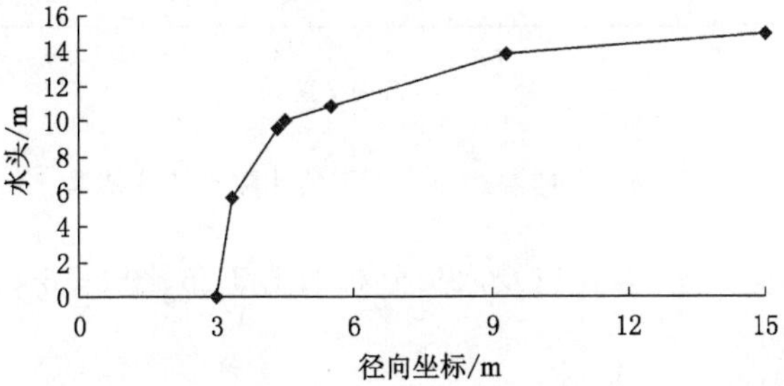

图 5-12 隧道周围水头分布示意图

(4) 计算考虑渗流影响的应力分布

根据上述计算得到的水头函数，代入应力计算公式即可得到土体的应力，如图 5-13 所示。

(5) 根据得到的土体应力计算孔隙比，从而重新划分各计算分区

根据新的土体应力计算结果计算孔隙比分布，如图 5-14 所示。据此可对各分区进行修正。

(6) 循环计算直至达到稳定状态

设定收敛判断标准，如式(5-34)所示。当满足如下收敛准则时，则停止计算。也就是说，当各分区边界近似确定后，结束计算。

$$\max\left[\frac{r_{Ti(n+1)} - r_{Ti(n)}}{r_{Ti(n)}}\right] \leqslant 1\% \tag{5-34}$$

式中，$i=1,2,3$，表示不同的弹性分区；$n=1,2,3\cdots$，表示不同的循环计算步。

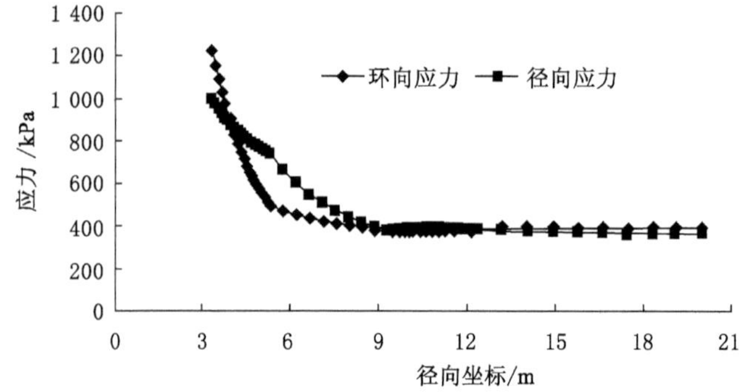

图 5-13　渗流情况下的土体应力计算结果

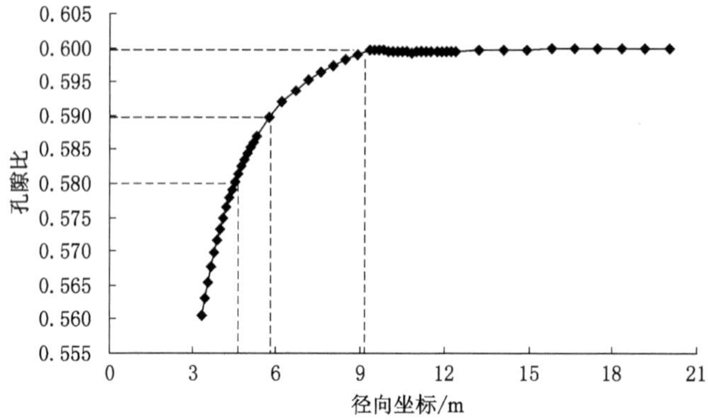

图 5-14　考虑渗透力作用下的孔隙比计算结果

最终得到的土体应力、孔隙比以及水头分布如图 5-15、图 5-16 和图 5-17 所示。

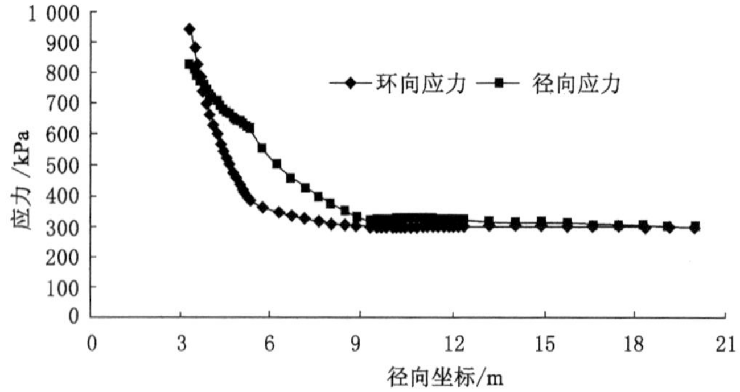

图 5-15　应力计算结果

5.6.2.3　与其他计算方法结果的对比

将本章的计算结果与 ABAQUS 软件计算得到的结果进行对比，如图 5-18 所示。数值计算的不同之处在于没有考虑土体渗透系数与孔隙比变化之间的关系，即假定土体渗透系数为定值。由图 5-18 可知两者具有显著区别。

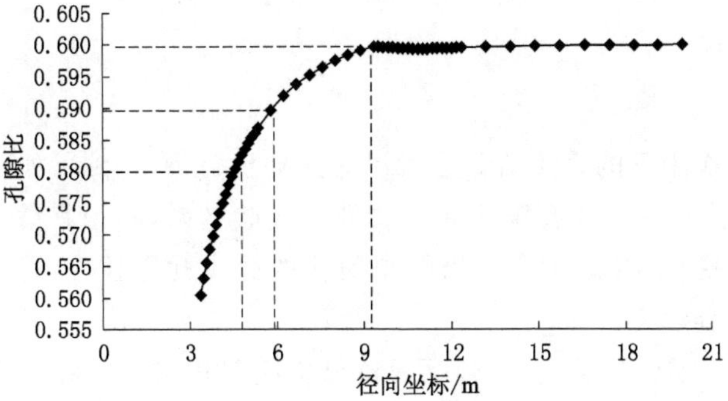

图 5-16 最终孔隙比计算结果

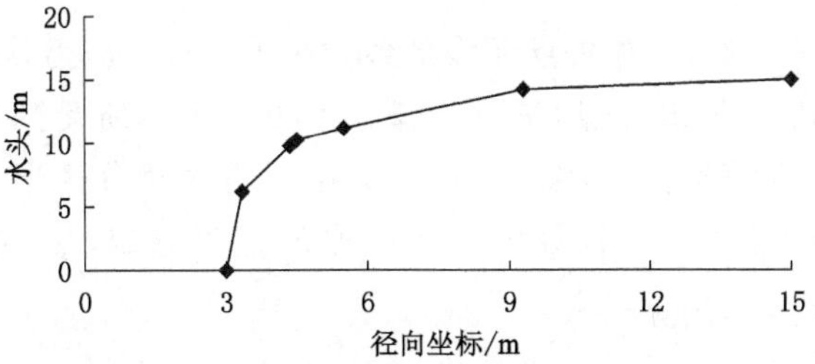

图 5-17 水头分布计算结果

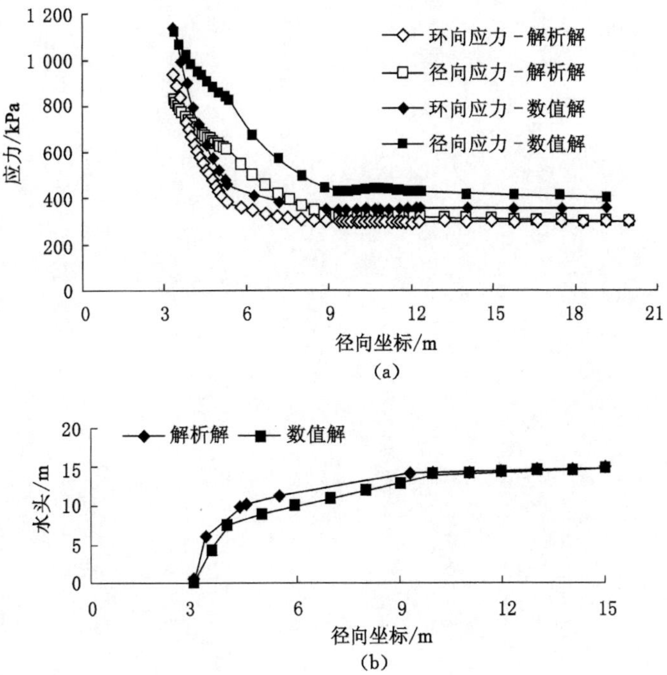

图 5-18 解析解和数值解对比示意图(图中环向应力指 σ_θ,径向应力指 σ_r)

(a) 土体应力;(b) 水头分布

5.7 本章小结

本章针对渗流作用下的管片荷载进行了流固耦合解析，得到了如下结论：

(1) 结合砂土渗透系数与孔隙比变化关系的实验结果，指出在管片荷载分析中需考虑土体渗透系数的变化；根据实验结果给出简化的分段孔隙比—渗透系数关系曲线，用于管片荷载流固耦合解析。

(2) 建立了流固耦合计算模型，包括渗流分析模型和应力分析模型；模型中土体区域分为弹性区和塑性区，其中弹性区根据土体渗透系数的不同进一步划分为弹性Ⅰ区、Ⅱ区、Ⅲ区和Ⅳ区，由此可考虑土体渗透系数变化的影响，同时将渗流分析与应力分析之间建立联系，进而设计了流固耦合计算方法。

(3) 流固耦合计算方法：首先按照假设的各分区半径进行应力计算，根据土体应力结果对各分区半径进行重新划定；之后进行渗流计算得到土体所受到的渗透力，将此渗透力施加至土体再次进行力学计算，根据土体应力结果再次对分区半径进行划定；之后不断循环渗流计算和应力计算，使各分区半径的取值趋于稳定，最终得到流固耦合计算结果。

6 结论与展望

6.1 结论

盾构在水位下土层中的施工参数环境适应性问题是城市地铁施工中的难点问题，由于地下水产生的开挖面坍塌、地表沉降、管片破裂等工程问题经常出现。针对此问题的相关研究理论往往将应力分析和渗流分析单独进行，两者相结合的流固耦合研究工作较少，而土体中超静孔压的产生和消散均与此密切相关。因此，本书基于流固耦合理论，采用理论解析、数值模拟、模型试验以及现场工程实测的方法，对盾构施工的孔压扰动规律、开挖面稳定性以及管片承载规律等方面进行了研究，研究结果如下所述。

(1) 结合上海虹桥迎宾三路隧道工程，针对盾构隧道施工过程进行了三维流固耦合数值计算，系统分析了盾构施工对周围土体孔隙水压力的影响，得到了如下结论：

① 建立了经过验证的盾构隧道三维流固耦合数值计算模型；经过对开挖面推力、注浆压力、开挖速度、开挖面水头、隧道埋深以及土体渗透系数等因素的参数分析，得到了各种参数影响下的最大超静孔压拟合公式，并将此公式计算结果与现场实测结果和解析解进行了对比，说明三维流固耦合数值计算可更合理用于盾构隧道对周围土体孔压扰动的分析。

② 盾构隧道施工在周围土体中产生的最大超静孔压值与地表沉降之间存在对应关系，较大的超静孔压值对应于较大的地表沉降，因此在实际盾构施工过程中，若现场监测最大超静孔压大于拟合公式得到的超静孔压值，则需对施工参数进行调整，避免不利的施工参数对周围土体造成过大扰动。在上海虹桥迎宾三路隧道工程试验段的施工过程中，将孔压监测数据与数值计算值进行了对比分析，说明可及时调整施工参数，从而减小盾构施工造成的地面沉降。

③ 针对盾构施工过程的三维流固耦合数值计算，编写了便于使用的建模、计算、后处理程序。该程序充分利用 ANSYS 较强的建模功能和 ABAQUS 的流固耦合计算功能，并采用 VB 编写分步开挖设置命令，从而克服了盾构施工三维模型建立的困难。同时采用本程序可在复合土层中快速建立三维模型，简化了建模工作；通过所编制的管片内力提取和绘图程序，可快速得到管片内力大小和分布情况。该程序减轻了相关研究人员的数值计算工作强度。

(2) 针对地下水对盾构隧道开挖面上方土拱效应的影响，进行了干砂和饱和砂的对比模型试验，并结合楔形体模型分析了地下水对开挖面最小支护力的影响，得到了如下结论：

① 试验结果显示地下水的存在减缓了土拱随开挖面位移的形成过程，减小了土拱的发展高度；在相同开挖面位移情况下，相对于干砂情况地下水减小土拱高度的比例为10%～15%。

② 地表沉降的发展过程与开挖面上方土拱的形成具有对应关系。当隧道埋深较浅时，土拱最终破坏，从而产生较大的地表沉降；当隧道埋深较大时，土拱可发展至较大高度，从而控制开挖面前方滑动面向地表发展，最终减小地表沉降。地下水的存在降低了土拱的发展高度，从而降低地表沉降，在埋深较小时降低地表沉降的幅度较大。

③ 由于地下水的存在降低了砂土地层中的土拱高度，因此结合楔形体模型提出了针对土拱效应的计算修正系数，即对上方棱柱体受到的侧土压力系数进行修正，由此体现地下水对开挖面上方土拱效应的影响。

(3) 针对波动推力引起的超静孔压对开挖面的稳定性影响进行了分析，得到了如下结论：

① 通过对盾构施工过程中地质条件变化、刀盘循环转动切割土体、停盾拼装管片等因素对开挖面推力的影响分析，并结合现场监测数据，指出开挖面推力是一持续波动的力，此波动推力将在开挖面前方产生可累积的超静孔压，最终对开挖面稳定性产生影响。

② 针对波动推力对开挖面稳定性的影响分析，特设计了开挖面位置为砂土层，上下区域为黏土层的简化分析模型，同时给出符合实际情况的开挖面推力随时间波动的数学表达式；进而经过解析得到了开挖面前方超静孔压的计算方法。

③ 结合三维楔形体模型，给出了超静孔压对开挖面稳定性影响的计算方法。算例计算结果显示波动推力产生的超静孔压将显著降低开挖面的安全系数，分别与不考虑渗流、考虑渗流的计算方法相比，本书得到的开挖面最小推力计算结果较大。同时，计算得到的超静孔压波动变化规律与实际监测数据较为相符，由此说明本书分析模型比较合理。

④ 通过对隧道埋深、盾构推进速度、推力波动幅度和开挖面水头等因素的参数分析，得知当开挖面前方超静孔压值较大时，相应的安全系数降低幅度也较大，并给出了不同情况下所产生的超静孔压大小以及对开挖面稳定性影响的计算结果，为实际盾构工程中施工参数的制定提供了参考。

(4) 针对管片发生整体渗透时的承载规律，进行了流固耦合解析，得到了如下结论：

① 结合砂土渗透系数与孔隙比关系的实验结果指出在管片渗流分析中需考虑土体在承载过程渗透系数变化的影响；根据实验结果给出简化的分段孔隙比—渗透系数关系曲线，用于渗透力作用下的管片荷载流固耦合计算。

② 流固耦合计算方法为：首先给出假设的各分区半径进行应力计算，得到土体的应力结果，根据土体应力与渗透系数取值的关系对各分区半径进行重新划定；之后进行渗流计算得到土体所受到的渗透力，将此渗透力施加至土体再次进行力学计算，根据土体

应力结果再次对分区半径进行划定;之后不断循环渗流计算和应力计算,使各分区半径的取值趋于稳定,则可得到最终的流固耦合分析结果。

6.2 展望

限于本人水平和时间,本书未能更细致、合理地研究水位下盾构施工参数的环境适应性问题,建议下一步基于本书工作在以下几个方面开展研究:

(1) 在针对盾构施工过程的三维流固耦合数值计算中,仅在均质地层中隧道针对隧道附近一点的孔压扰动进行了参数计算,对复合地层情况下,隧道周围不同区域土体的孔压变化规律未进行深入分析;而实际工程中通常为复合地层,盾构施工对不同区域土体将有不同的孔压扰动规律,因此需针对实际情况进行更进一步的计算分析。

(2) 在超静孔压对开挖面稳定性影响的分析中,开挖面推力随时间波动的表达式为一假定公式,需结合现场实测推力值的变化规律进行进一步修正。同时,盾构施工过程伴随着对土体应力状态的扰动,在此因素和开挖面波动推力的综合作用下,开挖面前方超静孔压将表现出怎样的变化规律,需进一步深入研究。

(3) 在模型实验中,由于普通压力盒的尺寸较大,未布置压力盒,因此本书仅针对土体的变形进行了分析。在有水时,普通压力盒不具有防水功能,造成压力盒放置入水中后数据漂移过大,超过 1 000 ppm(1 ppm=1×10^{-6}),因此,进一步的模型实验研究需克服此问题从而考虑对土压力的监测,如此可深入分析开挖面变形时土拱的形成过程。

(4) 盾构施工过后,土体中超静孔压的变化对后期土体固结沉降的影响,也是目前盾构安全运营需考虑的重要因素之一,需进一步进行深入分析。

(5) 在针对管片荷载的流固耦合解析和数值计算中,分析结果需通过模型实验结果或现场实测数据进行深入对比和验证。由于实验条件的约束,本书未进行这方面的工作。

参考文献

[1] 王勇,赖芨宇,陈秋兰,等.我国地铁施工事故统计分析与研究[J].工程管理学报,2018,32(4):70-74.

[2] 陈馈,洪开荣,焦胜军.盾构施工技术[M].第二版.北京:人民交通出版社,2016.

[3] 黄黔.盾构法隧道施工中的力学和控制论[M].北京:科学出版社,2018.

[4] 尹旅超,朱振宏,李玉珍,等译.日本隧道盾构新技术[M].武汉:华中理工大学出版社,1999.

[5] 周文波.盾构法隧道施工技术及应用[M].北京:中国建筑工业出版社,2004.

[6] 钱家欢,殷宗泽.土工原理与计算[M].北京:中国水利水电出版社,1996.

[7] 韦良文,张庆贺,孙统立,等.盾构隧道开挖面稳定研究进展[J].重庆交通大学学报(自然科学版),2007,26(6):67-72.

[8] 秦建设.盾构施工开挖面变形与破坏机理研究[D].南京:河海大学,2005.

[9] BROMS B,BENNERMARK H. Stability of clay at vertical openings[J]. Journal of the Soil Mechanics and Foundations Division,1967,96(1):71-94.

[10] LECA E,DORMIEUX L. Upper and lower bound solutions for the face stability of shallow circular tunnels in frictional material[J]. Geotechnique, 1990, 40(4): 581-606.

[11] JANSSEN H A. Versuche uberGe treidedruck in S ilozellen[J]. Zeitschrift des Vereins deutscher Ingenieure,XXXIX,1895(35):1045-1049.

[12] HORNM. Horizontaler Erddruck auf senkrechte Absch ussflachen von Tunneln [M]. Budapest:Landeskon ferenz der ungarischen Tiefbau industrie,1961.

[13] ANAGNOSTOU G,KOVARI K. The stability of tunnels in grouted fault zones [J]. Tunnels & Tunnelling,1992,28(12):27-29.

[14] GUILHEM MOLLON,KOK KWANG PHOON,DANIEL DIAS. Validation of a New 2D Failure Mechanism for the Stability Analysis of a Pressurized Tunnel Face in a Spatially Varying Sand[J]. Journal of Engineering Mechanics,2011,137(1):8-21.

[15] BROERE W. Face stability calculation for a slurry shield in heterogeneous soft soils[J]. Tunnels and Metropolises,1998,23(1):215-218.

[16] JUN KYUNG PARK,J. TANNER BLACKBURN,JAE-HUN AHN. Upper bound

solutions for tunnel face stability considering seepage and strength increase with depth [C]. Underground Space-the 4th Dimension of Metropolises, 2007: 1126-1132.
[17] 乔金丽. 盾构隧道开挖面的稳定性分析[D]. 天津:天津大学,2008.
[18] LEE IN-MO, NAM SEOK-WOO, JAE-HUN AHN. Effect of seepage forces on tunnel face stability[J]. Canadian Geotechnical Journal, 2004, 40(2): 273-281.
[19] PIERRE CHAMBON, JEAN CORTE. Shallow tunnels in cohesionless soil: Stability of tunnel face [J]. Journal of Geotechnical Engineering, 1994, 120 (7): 1148-1165.
[20] HISATAKE M, ETO MURAKAMI. Stability and failure mechanisms of a tunnel face wih a shallow depth[C]. In: T Fujii, eds. Proceedings of the 8th Congress of the International Society for Rock Mechanics. Tokyo: International Society for Rock Mechanics, 1995: 25-29.
[21] ATKINSON J H, POTS D M. Stability of a shallow circular tunnel in cohesionless soil[J]. Geotechnique, 1977, 27(2): 203-215.
[22] MAIR. Settlement efects of bored tunnels[C]. Proceedings of Geotechnical Aspects of Underground Construction in Soft Ground, Balkema: 43-53.
[23] MAIR R J, TAYLOR R N. Bored tunnelling in the urban environment[C]. Proceedings of the 14th International Conference on Soil Mechanics and Foundation Engineering, Hamburg, 1997: 2353-2385.
[24] ANSGAR KIRSCH. Experimental investigation of the face stability of shallow tunnels in sand[J]. Acta Geotechnica, 2010, 5(1): 43-62.
[25] MAHMOUD AHMED, MAGUED ISKANDER. Evaluation of tunnel face stability by transparent soil models[J]. Tunnelling and Underground Space Technology, 2012, 27(1): 101-110.
[26] GREGOR IDINGER, PELIN AKLIK, WEI WU. Centrifuge model test on the face stability of shallow tunnel[J]. Acta Geotechnica, 2011, 6(2): 105-117.
[27] TOSHI NOMOTO, SHINICHIRO IMAMURA, TOSHIYUKI HAGIWARA. Shield Tunnel Construction in Centrifuge[J]. Journal of Geotechnical and Geoenvironmental Engineering, 1999, 125(4): 289-300.
[28] 徐东,黄广军. 上海粘土的成拱能力探讨[J]. 上海铁道大学学报,1999,20(6): 49-54.
[29] 李君,陈仁朋,孔令刚. 干砂地层中盾构开挖面失稳模式及土拱效应试验研究[J]. 土木工程学报,2011,44(7):142-149.
[30] 程展林,吴忠明,徐言勇. 砂基中泥浆盾构法隧道施工开挖面稳定性试验研究[J]. 长江科学院院报,2001,18(5):53-55.
[31] 周小文,濮家骝. 砂土中隧洞开挖引起的地面沉降试验研究[J]. 岩土力学,2002,23

(5):1074-1079.

[32] 李昀,张子新,张冠军.泥水平衡盾构开挖面稳定模型试验研究[J].岩土工程学报,2007,29(7):1074-1079.

[33] LEE I M,NAM S W. Effect of seepage forces acting on the tunnel lining and tunnel face in shallow tunnels[J]. Tunneling and Underground Space Technology,2001,16(1):31-40.

[34] 徐永福,陈建山,傅德明.盾构掘进对周围土体力学性质的影响[J].岩石力学与工程学报,2003,22(7):1174-1179.

[35] CHEN R P,J ZHU,W LIU. Ground movement induced by parallel EPB tunnels in silty soils[J]. Tunnelling and Underground Space Technology,2011,26(1):163-171.

[36] CLOUGH G WAYNE,ERIC LECA. EPB Shield Tunneling in Mixed Face Conditions[J]. Journal of Geotechnical Engineering ,1993,119(10):1640-1656.

[37] CHEN CHEE-NAN,HUANG WEN-YEN. Stress redistribution and ground arch development during tunneling[J]. Tunnelling and Underground Space Technology,2011,26(1):228-235.

[38] FRANZIUS J N,D M POTTS. Influence of Mesh Geometry on Three-Dimensional Finite-Element Analysis of Tunnel Excavation[J]. International Journal of Geomechanics,2005,5(3):256-266.

[39] SHIN J H,POTTS D M. Time-based two dimensional modelling of NATM tunnelling[J]. Canadian Geotechnical Journal,2002,39(2):710-724.

[40] TRCKOVA JIRINA,PROCHAZKA PETR. Experimental and numerical modelling of the tunnel face stability[J]. Technology Roadmap for Rock Mechanics,2010,5(1):1247-1250.

[41] MAYNAR M J M,RODRÍGUEZ L E M. Discrete numerical model for analysis of earth pressure balance tunnel excavation[J]. Journal of Geotechnical and Geoenvironmental Engineering,2005,131(10):1234-1242.

[42] 杨洪杰,傅得明,葛修润.盾构周围土压力的试验研究与数值模拟[J].岩石力学与工程学报,2006,25(8):1652-1657.

[43] 朱伟,秦建设,卢廷浩.砂土中盾构开挖面变形与破坏数值模拟研究[J].岩土工程学报,2005,27(8):897-902.

[44] 姜忻良,李林,袁杰.深层地铁盾构施工地层水平位移动态分析[J].岩土力学,2011,32(4):1186-1193.

[45] LEE I M,PARK K J,NAM S W. Analysis of an underwater tunnel with the consideration of seepage forces[C]. Proceedings of Tunnel and Metropolises. Balkema,Rotterdam:315-319.

[46] LEE IN-MO,SEOK-WOO NAM. Seepage Force Considerations in Tunnelling[C].

International Symposium on Underground Excavation and Tunnelling, 2006, Bangkok, Thailand: 21-27.

[47] 黄正荣,朱伟,梁精华. 盾构法隧道开挖面极限支护压力研究[J]. 土木工程学报, 2006, 39(10): 112-117.

[48] LEE IN-MO, JAE-SUNG NAM, SEOK-WOO. Effect of seepage force on tunnel face stability reinforced with multi-step pipe grouting[J]. Tunneling and Underground Space Technology, 2004, 19(6): 551-565.

[49] ANAGNOSTOU G. Continuous tunnel excavation in a poro-elastoplastic medium [C]. Tenth International Symposium on Numerical Models in Geomechanics, 2007, Greece: 123-131.

[50] 高健,张义同. 盾构掘进速度对开挖面水头分布的影响[J]. 天津大学学报, 2010, 43(4): 287-293.

[51] SEUNG HAN KIM, FULVIO TONON. Face stability and required support pressure for TBM driven tunnels with ideal face membrane - Drained case[J]. Tunnelling and Underground Space Technology, 2010, 25(5): 526-542.

[52] 易宏伟,孙钧. 盾构施工对软粘土的扰动机理分析[J]. 同济大学学报, 2000, 28(3): 277-282.

[53] 蒋洪胜,侯学渊. 盾构掘进对隧道周围土层扰动的理论与实测分析[J]. 岩石力学与工程学报, 2003, 22(9): 1514-1520.

[54] 袁大军,尹凡,王华伟. 超大直径泥水盾构掘进对土体的扰动研究[J]. 岩石力学与工程学报, 2009, 28(10): 2074-2080.

[55] 肖立,张庆贺,朱继文. 盾构施工引起的超孔隙水压力解析解[J]. 同济大学学报, 2011, 39(2): 194-198.

[56] ANTONIO BOBET. Analytical solutions for shallow tunnels in saturated ground [J]. Journal of Engineering Mechanics, 2001, 127(12): 1258-1266.

[57] 宋锦虎,缪林昌,戴仕敏,等. 盾构施工对孔压扰动的三维流固耦合分析[J]. 岩土工程学报, 2013, 35(2): 302-312.

[58] 陈春来,赵城丽,魏纲,等. 基于 Peck 公式的双线盾构引起的土体沉降预测[J]. 岩土力学, 2014, 35(8): 2212-2218.

[59] 王洪新,傅德明. 土压平衡盾构平衡控制理论及试验研究[J]. 土木工程学报, 2007, 40(5): 61-69.

[60] 朱合华,徐前卫,郑七振,等. 软土地层土压平衡盾构施工参数的模型试验研究[J]. 土木工程学报, 2007, 40(9): 88-96.

[61] 刘铭,王志良. 盾构施工扰动引起隧道固结沉降的估算方法[J]. 铁道学报, 2012, 34(11): 115-121.

[62] HUANG F, X L YANG. Upper bound limit analysis of collapse shape for circular tunnel subjected to pore pressure based on the Hoek-Brown failure criterion[J].

Tunnelling and Underground Space Technology,2011,26(5):614-618.
[63] SEOK-WOO NAM,ANTONIO BOBET. Liner stresses in deep tunnels below the water table[J]. Tunnelling and Underground Space Technology, 2006, 21(6): 626-635.
[64] HYU-SOUNG SHIN,DONG-JOON YOUN,SUNG-EUN CHAE. Effective control of pore water pressures on tunnel linings using pin-hole drain method[J]. Tunnelling and Underground Space Technology,2009,24(5):555-561.
[65] 林荣安,刘伯莹. 富水淤泥质软土地层盾构隧道管片受力特征研究[J]. 中国公路学报,2018,31(9):112-118.
[66] MAIR R J,TAYLOR R N. Theme lecture:Bored tunneling in the urban environment[C]. Proceedings of the Fourteenth International Conference on Soil Mechanics and Foundation Engineering,1997:2353-2385.
[67] MEGUID M A,SAADA O,M A NUNES. Physical modeling of tunnels in soft ground:A review[J]. Tunnelling and Underground Space Technology,2008,23(2):185-198.
[68] RAMONI M,ANAGNOSTOU G. The Interaction Between Shield,Ground and Tunnel Support in TBM Tunnelling Through Squeezing Ground[J]. Rock Mechanics and Rock Engineering,2011,44(1):37-61.
[69] 李宇杰,何平,秦东平. 盾构隧道管片纵缝错台的影响分析[J]. 工程力学,2012,29(11):277-282.
[70] AHAMAD F,Z REZA1. A theoretical solution for analysis of tunnels below groundwater considering the hydraulic-mechanical coupling[J]. Tunnelling and Underground Space Technology,2009,24(6):634-646.
[71] ANTONIO BOBET. Drained and undrained response of deep tunnels subjected to far-field shear loading[J]. Tunnelling and Underground Space Technology,2010,25(1):21-31.
[72] MOLLER S C,P A VERMEER. On numerical simulation of tunnel installation[J]. Tunnelling and Underground Space Technology. 2008,23(4):461-475.
[73] ARRANZA TORRES C,J ZHAO. Analytical and numerical study of the effect of water pressure on the mechanical response of cylindrical lined tunnels in elastic and elasto-plastic porousmedia[J]. International Journal of Rock Mechanics & Mining Sciences,2009,46(3):531-547.
[74] LEE C J,B R WU. Tunnel stability and arching effects during tunneling in soft clayey soil[J]. Tunnelling and Underground Space Technology, 2006, 21(2): 119-132.
[75] HWANG JIN-HUNG,CHIH-CHIEH LU. A semi-analytical method for analyzing the tunnel water inflow[J]. Tunnelling and Underground Space Technology,2007,

22(1):39-46.

[76] DANIEL W WILSON,ANDREW J ABBO,SCOTT W SLOAN. Undrained stability of a circular tunnel where the shear strength increases linearly with depth[J]. Canadian Geotechnical Journal,2011,48(9):1328-2342.

[77] RAMONI M, N LAVDAS, G. ANAGNOSTOU. Squeezing loading of segmental linings and the effect of backfilling[J]. Tunnelling and Underground Space Technology,2011,26(2):692-717.

[78] SHINH J H,D M POTTS,L ZDRAVKOVIC. The effect of pore-water pressure on NATM tunnel linings in decomposed granite soil[J]. Canadian Geotechnical Journal,Canadian Geotechnical Journal,2005,42(6):1585-1599.

[79] O'REILLY M P,MAIR R J,ALDERMAN G H. Long-term settlements over tunnels:an eleven-year study at Grimsby[C]. Proceedings of Conference Tunnelling. London:Institution of Mining and Metallurgy,1991:55-64.

[80] 刘建航,侯学渊. 盾构法隧道[M]. 北京:中国铁道出版社,1991.

[81] INOKUMA A,ISHIMURA T. Earth pressure acting on shield driven tunnels in soft ground[C]. In Proceedings of the International Conference on Underground Construction in Soft Ground,New Delhi,India,2008:221-224.

[82] CLOUGH G W,SCHMIDT B. Design and performance of excavation and tunnels in soft clay[M]. Amsterdam: Dept. of Civil Engineering, Stanford University, 1977:600-634.

[83] ANAGNOSTOU G. Tunnel stability and deformations in water-bearing ground [C]. Keynote lecture, Multiphysics Coupling and Long Term Behaviour in Rock Mechanics,Eurock,2003:3-13.

[84] STERPI D,GIODA G. Visco-Plastic behaviour around advancing tunnels in squeezing rock[J]. Rock Mechanics and Rock Engineering,2009,42(2):319-339.

[85] SHALABI F I. FE analysis of time-dependent behavior of tunneling in squeezing ground using two different creep models[J]. Tunnelling and Underground Space Technology,2005,20(3):271-279.

[86] BOBET ANTONIO1,EINSTEIN HERBERT. Deep tunnels in Clay shales:Evaluation of key properties for short and long term support[J]. Geotechnical Special Publication,2008,17(9):460-467.

[87] 张冬梅,黄宏伟,杨峻. 衬砌局部渗流对软土隧道地表长期沉降的影响研究[J]. 岩土工程学报,2005,27(12):1430-1436.

[88] HUANGFU MING,WANG MENG-SHU,TAN ZHONG-SHENG. Analytical solutions for steady seepage into an underwater circular tunnel[J]. Tunnelling and Underground Space Technology,2010,25(4):391-396.

[89] WANG XIUYING,TAN ZHONGSHENG,WANG MENGSHU. Theoretical and

experimental study of external water pressure on tunnel lining in controlled drainage under high water level[J]. Tunnelling and Underground Space Technology, 2008,23(8):552-560.

[90] KYUNG-HO PARK,ADISORN OWATSIRIWONG,JOO-GONG LEE. Analytical solution for steady-state groundwater inflow into a drained circular tunnel in a semi-infinite aquifer:A revisit[J]. Tunnelling and Underground Space Technology,2008,23(2):206-209.

[91] BOBET A. Effect of pore water pressure on tunnel support during static and seismic loading[J]. Tunnelling and Underground Space Technology, 2003, 18(4): 377-393.

[92] SHIN YOUNG-JIN,KI-IL SONG,IN-MO LEE. Interaction between tunnel supports and ground convergence-Consideration of seepage forces[J]. International Journal of Rock Mechanics and Mining Sciences,2011,48(3):394-405.

[93] SHIN J H,ADDENBROOKE T I. A numerical study of the effect of groundwater movement on long-term tunnel behaviour[J]. Geotechnique,2002,52(6):391-403.

[94] 黄宏伟,刘印,张冬梅. 盾构隧道长期渗水对地表沉降及管片内力的影响[J]. 中国铁道科学,2012,33(6):36-43.

[95] KAI ZHAO, MICHELE JANUTOLO, GIOVANNI BARLA. A completely 3D model for the simulation of mechanized tunnel excavation[J]. Rock Mechanics and Rock Engineering,2012,45(4):475-497.

[96] SHALABI F I. FE analysis of time-dependent behavior of tunneling in squeezing ground using two different creep models[J]. Tunnelling and Underground Space Technology,2005,20(3):271-279.

[97] FLORIA V,FIDELIBUS C,REPETTO L,et al. Drainage and related increase of short-term strength of low permeability rock mass[C]. Building underground for the future,AFTES International Congress Monaco,2008:281-284.

[98] FRANCESCO AMBERG. Numerical simulations of tunnelling in soft rock under water pressure[J]. Geomechanics and Tunnelling,2009,2(5):578-590.

[99] RAMONI M. ,G. ANAGNOSTOU. On the feasibility of TBM drives in squeezing ground[J]. Tunnelling and Underground Space Technology,2006,21(5):262.

[100] RAMONI M G. Anagnostou. The Interaction Between Shield,Ground and Tunnel Support in TBM Tunnelling Through Squeezing Ground[J]. Rock Mechanics and Rock Engineering,2011,44(1):37-61.

[101] 尹吕超,朱振宏,李玉珍,等. 日本隧道盾构新技术[M]. 湖北:华中理工大学出版社,1999.

[102] 张成. 地铁工程土压平衡式盾构施工技术研究[D]. 成都:西南交通大学,2002.

[103] 白中仁. 广州地铁三号线客大盾构区间盾构机选型技术[D]. 成都:西南交通大

学,2003.

[104] 何伦.盾构施工工艺及刀秀刀具切削机理的研究[D].广州:华南理工大学,2003.

[105] 张凤翔,朱合华,傅德明.盾构隧道[M].北京:人民交通出版社,2004.

[106] 朱北斗,龚国芳,周如林.基于盾构掘进参数的 BP 神经网络地层识别[J].浙江大学学报工学版,2011,45(5):851-857.

[107] 张莹,蔡宗熙,冷永刚.盾构机掘进参数的关联分析与地质特征识别[J].哈尔滨工程大学学报,2011,32(4):476-480.

[108] 张厚美.地铁盾构工程设计与施工过程的若干问题研究[D].上海:上海交通大学,2004.

[109] 李大勇.盾构法施工过程中土体变形特性及其数值分析研究[D].上海:同济大学,2004.

[110] 邓忠义.泥水盾构隧道开挖面稳定性研究[D].上海:同济大学,2005.

[111] 魏新江,周洋,魏纲.土压平衡盾构掘进参数关系及其对地层位移影响的试验研究[J].岩土力学,2013,34(1):73-79.

[112] 张明聚,赵明,王鹏程,等.小净距平行盾构隧道施工先行隧道管片附加应力监测研究[J].岩土工程学报,2012,34(11):2121-2126.

[113] 马险峰,陈斌,田小芳,等.盾构隧道注浆对既有隧道影响的离心模拟研究[J].岩土力学,2012,33(12):3604-3610.

[114] 林存刚,张忠苗,吴世明,等.基于极限拉应变法的盾构掘进注浆隆起对上覆结构的影响[J].浙江大学学报(工学版),2012,46(12):2215-2223.

[115] 侯永茂,郑宜枫,杨国祥,等.超大直径土压平衡盾构施工对环境影响的现场监测研究[J].岩土力学,2013,34(1):235-242.

[116] 徐前卫.盾构施工参数的地层适应性模型试验及其理论研究[D].上海:同济大学,2006.

[117] ANAGNOSTOU G. The Effect of Tunnel Advance Rate on the Surface Settlements[C]. The 12th International Conference of International Association for Computer Methods and Advances in Geomechanics,2008,Goa,India:1211-1221.

[118] 朱以文,蔡元奇,徐晗. ABAQUS 与岩土工程分析[M].香港:中国图书出版社,2005.

[119] 宋锦虎.盾构隧道施工环境适应性的流固耦合分析[D].南京:东南大学,2013.

[120] AUGARDE C E,H J BURD. Three-dimensional finite element analysis of lined tunnels[J]. International Journal For Numerical And Analytical Methods In Geomechanics,2001(25):243-262.

[121] MITSUTAKA SUGIMOTO,APHICHAT SRAMOON,SHINJI KONISHI. Simulation of Shield Tunneling Behavior along a Curved Alignment in a Multilayered Ground[J]. Journal Of Geotechnical And Geoenvironmental Engineering,2007,133(6):684-694.

[122] LAMBRUGHI A, L MEDINA RODRíGUEZ, R. Castellanza. Development and validation of a 3D numerical model for TBM-EPB mechanised excavations[J]. Computers and Geotechnics,2012(40):97-113.

[123] THOMAS KASPERZ,G. UNTHER MESCHKEN. A 3D finite element simulation model for TBM tunnelling in soft ground[J]. International journal for numerical and analytical methods in geomechanics,2004,28(14):1441-1460.

[124] GALLI G,A GRIMALDI,A LEONARDI. Three-dimensional modelling of tunnel excavation and lining[J]. Computers and Geotechnics,2004,31(3):171-183.

[125] THOMAS KASPER,GUNTHER MESCHKE. On the influence of face pressure, grouting pressure and TBM design in soft ground tunnelling[J]. Tunnelling and Underground Space Technology,2006,21(2):160-171.

[126] MROUEH H,I SHAHROUR. A simplified 3D model for tunnel construction using tunnel boring machines[J]. Tunnelling and Underground Space Technology, 2008,23(1):38-45.

[127] KAZUHITO KOMIYA,KENICHI SOGA,HIROKAZU AKAGI. Finite element modelling of excavation and advancement processes of a shield tunnelling machine [J]. Soil and Foundations,1999,39(3):37-52.

[128] 张云,殷宗泽,徐永福.盾构法隧道引起的地表变形分析[J].岩石力学与工程学报,2002,21(3):388-392.

[129] LEE IN-MO,NAM SEOK-WOO. Effect of tunnel advance rate on seepage forces acting on the underwater tunnel face[J]. Tunnelling and Underground Space Technology,2004,19(3):273-281.

[130] 高健,张义同.考虑盾构掘进速度的隧道掘进面稳定性分析[J].岩土力学,2010,31(7):2232-2240.

[131] MURAD ABU-FARSAKH,GEORGE VOYIADJIS. Computational model for the simulation of the shield tunneling process in cohesive soils[J]. International journal for numerical and analytical methods in geomechanics,1999,23(1):23-44.

[132] BROERE W. Face Stability Calculation for a Slurry Shield in Heterogeneous Soft Soils[J]. Tunnels and Metropolises,1998,21(3):215-218.

[133] 缪林昌,王非,吕伟华.城市地铁隧道施工引起的地面沉降[J].东南大学学报,2008,38(2):293-297.

[134] 陈仁朋,李君,陈云敏,等.干砂盾构开挖面稳定性模型试验研究[J].岩土工程学报,2011,33(1):117-122.

[135] 李元海,靖洪文,朱合华,等.数字照相量测在砂土地基离心试验中的应用[J].岩土工程学报,2006,28(3):306-311.

[136] TERZAGHI K. Theoretical soil mechanics[M]. New York:John Wiley and Sons, 1943:37-42.

[137] 宋锦虎，缪林昌，胡斌，等. 地下水对盾构开挖面上方土拱效应影响的试验研究[J]. 土木工程学报，2014，47(2)：109-120.
[138] JANCSECZ S，STEINER W. Face support for a large mix-shield in heterogeneous ground conditions[C]. London：Tunnelling 94，London，1994：251-262.
[139] AUBERTIN M，LI L，ARNOLDI S，et al. Interaction between backfill and rock mass in narrow stopes[C]. Proceedings of Soil and Rock America，Cambridge，2003：1157-1164.
[140] HANDY R L. The arch in soil arching[J]. Journal of Geotechnical Engineering，1985，111(3)：302-318.
[141] 宋锦虎，陈坤福，李宁娜，等. 水土耦合对盾构土拱效应及最小支护力的影响分析[J]. 铁道学报，2015，37(10)：122-128.
[142] EBERHARDT E. Numerical modelling of three-dimension stress rotation ahead of an advancing tunnel face[J]. International Journal of Rock Mechanics and Mining Sciences，2001，38(4)：499-518.
[143] 宋锦虎，陈坤福，马元，等. 波动推力引起的超孔压对开挖面稳定性的影响分析[J]. 岩石力学与工程学报，2016，35(S1)：2712-2725.
[144] 卢萌盟. 复杂条件下复合地基固结解析理论研究[D]. 杭州：浙江大学，2009：11-15.
[145] 梁旭，蔡袁强，吴世明，等. 半透水边界饱和土层在循环荷载作用下的一维固结分析[J]. 水利学报，2002，31(7)：31-36.
[146] 李西斌，谢康和，杨艳群. 循环荷载下半透水双层地基一维固结解析研究[J]. 福州大学学报(自然科学版)，2007，35(1)：105-110.
[147] 耿雪玉，徐长节，蔡袁强. 循环荷载作用下饱和软粘土非线性一维固结[J]. 岩石力学与工程学报，2004，23(19)：3353-3358.
[148] STEHFEST H. Remark on Algorithm 368 numerical inversion of Laplace transforms[J]. Communications of Association for Computing Machinery，1970，13(10)：624-625.
[149] BROERE W. Influence of Infiltration and Groundwater Flow on Tunnel Face Stability[C]. Geotechnical Aspects of Underground Construction in Soft Ground，Tokyo，Japan，2000：339-344.
[150] BROERE W. Influence of excess pore pressures on the stability of the tunnel face[C]. Geotechnical Aspects of Underground Construction in Soft Ground，Toulouse，France，2002：179-184.
[151] BROERE W，A F Tol. Time-dependant infiltration and groundwater flow in a face stability analysis[C]. Modern Tunneling Science and Technology，Kyoto，Japan，2001：629-634.
[152] ANAGNOSTOU G，K KOVáRI. Face Stability Conditions with Earth Pressure Balanced Shields[J]. Tunnelling and Underground Space Technology，1996，11

(2):165-173.

[153] 付宏渊,吴胜军,王桂尧.荷载作用引起砂土渗透性变化的试验研究[J].岩土力学,2009,30(12):3677-3681.

[154] 童磊.软土浅埋隧道变形、渗流及固结性状研究[D].杭州:浙江大学,2010:58-68.

[155] 宋锦虎,缪林昌,高学伸,等.基于土体渗透系数变化的管片荷载流-固耦合解析[J].岩土力学,2016,37(12):3520-3528,3536.

[156] DIMITRIOS KOLYMBAS,PETER WAGNER. Groundwater ingress to tunnels-The exact analytical solution[J]. Tunnelling and Underground Space Technology,2007,22(1):23-27.

[157] 朱伟,黄正荣,梁精华.盾构衬砌管片的壳-弹簧设计模型研究[J].岩土工程学报,2006,28(8):940-947.

[158] MEGUID M A,H K DANG. The effect of erosion voids on existing tunnel linings[J]. Tunnelling and Underground Space Technology,2009,24(3):278-286.

[159] LEUNG C,MEGUID M A. An experimental study of the effect of local contact loss on the earth pressure distribution on existing tunnel linings[J]. Tunnelling and Underground Space Technology,2011,26(1):139-145.

[160] 邵蕴秋. ANSYS8.0 有限元分析实例导航[M].北京:中国铁道出版社,2004.

[161] 熊刚,杨立坡.基于 ANSYS 二次开发的实体单元模型内力图的实现[J].交通与计算机,2007,25(4):106-112.